GENTOSHA
OUTLAW
BUNKO

全告白 後妻業の女

筧千佐子の正体

小 野 一 光

全告白　後妻業の女
筧千佐子の正体

目次

第七章　面会室にて

第八章　行き詰まり、そして……

DTP　美創

「近畿連続青酸死事件」とは——。

二〇一三年十二月、京都府向日《むこう》市の自宅で死亡した筧勇夫《かけひいさお》さん（当時75）の体内から青酸化合物が発見されたことに端を発する。

妻である千佐子に捜査の手が及ぶと、過去に彼女が結婚や交際をした高齢の男性が、次々と死亡していたことが判明。死亡したのは大阪府、兵庫県、奈良県と近畿一円に住む男性で、その数は十一人にも上った。千佐子は彼らの死亡によって、土地建物や遺産を相続して多くの資産を得ていたことも発覚。財産目的の連続殺人事件の疑いが強まり、四府県で合同捜査本部が設置されて捜査が進んだ。

捜査の結果、残された血液や胃の内容物から青酸化合物が検出された京都府と大阪府の各一人と、死亡時に残された診療記録などから青酸中毒死であると判断された兵庫県の二人の、計四人について逮捕・起訴された。被害者の年齢はいずれも当時七十代である。

公判では、結婚相談所を通じて知り合った千佐子と被害者たちの交際時の様子が詳《つまび》らかにされた。そこでは千佐子が交際時に送ったメールの文面なども公開されており、彼女がいかにして高齢の男性を籠絡《ろうらく》していったかが窺《うかが》えるものだった。

一七年十一月、京都地裁が死刑判決を言いわたすと、千佐子は即日控訴した。その後、控訴審と上告審を経て、二一年七月十七日に死刑が確定した。

＊印は千佐子が起訴された事件

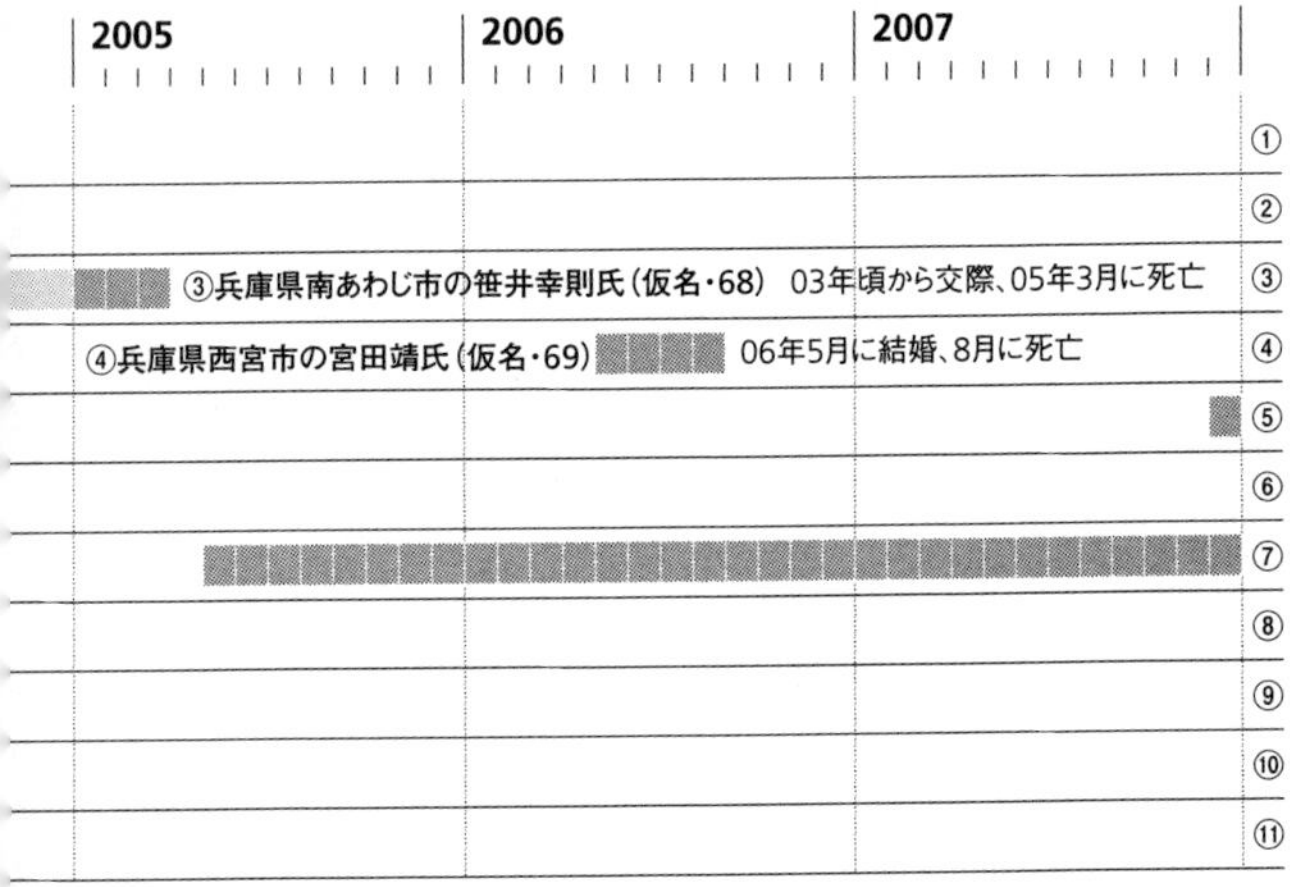
2005
2006
2007
①
②
③兵庫県南あわじ市の笹井幸則氏（仮名・68） 03年頃から交際、05年3月に死亡
③
④兵庫県西宮市の宮田靖氏（仮名・69） 06年5月に結婚、8月に死亡
④
⑤
⑥
⑦
⑧
⑨
⑩
⑪

2011
2012
2013
①
②
③
④
⑤
⑥
05年夏頃から交際、07年12月に入院、
09年5月に死亡
⑦
10年10月頃から交際、12年3月に死亡
⑧
交際時期不明、13年5月に死亡 ?
⑨
12年10月頃から交際、13年9月に死亡
⑩
13年6月に見合い、11月に結婚、12月に死亡
⑪

筧千佐子　交際の開始時期と結婚時期、相手の死亡時期

2003
2004
①大阪府貝塚市の矢野正一氏（仮名・54）1969年10月に結婚、94年9月に死亡
?
②大阪府大阪市の北山義人氏（仮名）交際時期不明、2002年4月に死亡
2008
2009
2010
⑤奈良県奈良市の大仁田隆之氏（仮名・75）07年12月に公正証書遺言作成、08年3月に死亡
⑥大阪府松原市の山口俊哉氏（仮名・75）08年4月に結婚、5月に死亡
⑦＊兵庫県神戸市の末廣利明氏（79）
⑧＊大阪府貝塚市の本田正徳氏（71）
⑨大阪府堺市の木内義雄氏（仮名・68）
⑩＊兵庫県伊丹市の日置稔氏（75）
⑪＊京都府向日市の筧勇夫氏（75）

筧千佐子の交際相手、夫の「死亡時期」

※捜査関係者への取材や公判資料を元に作成

	結婚や交際時期	死亡時期
①大阪府貝塚市の矢野正一氏(仮名)	1969年10月に結婚	1994年9月
②大阪府大阪市の北山義人氏(仮名)	交際時期不明	2002年4月
③兵庫県南あわじ市の笹井幸則氏(仮名)	2003年頃から交際	2005年3月
④兵庫県西宮市の宮田靖氏(仮名)	2006年5月に結婚	2006年8月
⑤奈良県奈良市の大仁田隆之氏(仮名)	2007年12月に公正証書遺言作成	2008年3月
⑥大阪府松原市の山口俊哉氏(仮名)	2008年4月に結婚	2008年5月
⑦兵庫県神戸市の末廣利明氏	2005年夏頃から交際	(※2007年12月に入院)2009年5月
⑧大阪府貝塚市の本田正徳氏	2010年10月頃から交際	2012年3月
⑨大阪府堺市の木内義雄氏(仮名)	交際時期不明	2013年5月
⑩兵庫県伊丹市の日置稔氏	2012年10月頃から交際	2013年9月
⑪京都府向日市の筧勇夫氏	2013年11月に結婚	2013年12月

プロローグ

目の前にあるアクリル板の向こう側から、彼女はおもむろに切り出した。

「先生、ちょっと手え見せて」

私は彼女から見えやすいように、両手を目の高さに差し出す。

「先生、手えキレイやなあ。女の人よりもキレイちゃう？　見てこれ、私なんてもうガサガサや」

彼女は自分の手を見せながら、話を続ける。

「私も昔はお洒落《しやれ》やったんやけど、ここ入ってから、もう全然構わんくなったんよ。男の人がおらんのやもん。やっぱ、男の人がおらんと、そういう気にはならんわ」

そう口にすると、私の目をじっと見つめる。

京都拘置所の面会室。面会時間が終わる直前のことだった。脇の刑務官に促されて立ち上がった彼女は、面会室を出る前に二度こちらを振り返り、女の子が密会の別れ際に「また今度ね」と、未練を残すような表情を浮かべ、手を振って出ていく。

面会を重ねて十回目のときの一場面だ。

彼女の名は筧千佐子。このとき七十一歳になったばかり。

外見は、ごく普通のおばちゃんだ。背は小柄でややふっくらしている。白髪のショートカットで、頬や目尻には歳《とし》なりに皺《しわ》が刻まれている。なにが特別、ということはない。だが、そのごく普通のおばちゃんに、数多《あまた》の高齢男性が魅せられては、自分の遺産を相続させるとの公正証書遺言を作成し、またときには入籍して配偶者としての遺産相続の権利を与えている。そして彼らの誰もが、そうした公的な権利を成立させてから短期間で死亡した。

その後、彼女は三件の殺人罪と一件の強盗殺人未遂罪で起訴されたが、事件化されなかった交際相手や結婚相手からのものも含むと、これまでに受け取った遺産の総額は八億円から十億円に上ったと報じられている。

千佐子との面会を終え、拘置所の外に出た私は、一月前のあの光景を思い出す。二〇一七年十一月七日に京都地裁で開かれた彼女の裁判で、判決が言いわたされたときのことだ。

主文後回し。過去に私は、法廷で幾度もその場面を目にしてきた。裁判長が判決の主文ではなく、まず先に判決理由を述べることを説明し、被告に座るよう促す。すると記者席から記者が一斉に立ち上がり、速報のため廷外へ出ていく。

やがて、判決理由に続いて主文を読み上げる際、裁判長は被告を立たせ、刑を言いわたす。私が傍聴した裁判では、主文後回しで一度だけ無期懲役が宣告される例外はあったが、それ以外はすべて死刑判決だった。

生命を奪う刑を被告に告げるという重大事であるため、裁判長の声色は厳粛なものだ。また、被告も自身の生命が絶たれることを告げられる場面であるため、緊張感や恐怖心を露《あら》わにしてその場に臨む。

だが、その日は違った。

判決理由の読み上げに続いて裁判長が被告に起立を促したとき、被告である千佐子は不満げな声を法廷に響かせたのだ。

「すいません、私耳が遠いんで、もっと大きな声で言ってください」

黒い長袖セーターに灰色のズボンを穿《は》いた彼女はそう訴えると、とくに表情を変えることなく立ち上がった。

気勢を削《そ》がれたかたちとなった裁判長だが、主文を読み上げた。

「主文、被告人を死刑に処する……」

千佐子は証言台で前を見つめ、表情を変えることはなかった。裁判長が続けて、判決に不服があるときは控訴できることを説明するが、とくに反応はない。

公判の終了を裁判長が告げると、彼女は一礼して弁護側の席へと向かう。そして弁護人になにかを話しかけたのち、刑務官に手錠と腰縄をつけられた。法廷を出る直前には、これまでの公判と同じく傍聴席に向かって一礼する。その表情を言い表すとすれば、次の言葉が当てはまる。

しれっとした顔。

持ち前の気の強さが現れたのだと思うが、その場に居合わせた私に、落胆や悲愴感を微塵《みじん》も感じさせない表情だった。

だがそのことが却《かえ》って、胸の奥をざわつかせた。

いったい彼女は何者なのだろう、と。

それには、得体の知れない相手と出会ったときに抱く、警戒を伝える感情が含まれていた。と同時に、この職業に携わる人間ならではの好奇心も湧き上がってくる。

一審の判決後、私は千佐子との面会を始めた。同じことを試み、果たせなかったマスコミ関係者も数多くいたようだが、彼女の知人に仲介を頼んだ私は、運良く御眼鏡《おめがね》にかなったようだ。以来、取材者として拘置所での面会を重ね、手紙のやり取りを続けるようになった。そこで見せた千佐子の態度や手紙の文面は、逮捕前に記者たちから囲まれて犯行を否認していた姿や、法廷でときには裁判官や裁判員に食ってかかる姿とは、また異なるものだった。逮捕前、裁判中、その後の面会。これら三つの場での〝告白〟をくらべることで、彼女がなにを語り、隠そうとしていたのかが、徐々に見えてくる。

なによりもまず、千佐子が年下の〝男〟である私に送ってきた〝秋波《しゅうは》〟を実際に体験することによって、彼女がどのように高齢男性を籠絡していったのか、身に染みて感じることができた。

千佐子による一連の事件が発覚する前に、作家の黒川博行氏が小説『後妻業』（文藝春秋）で、年配の女が資産家の高齢男性と結婚、死別を繰り返して多額の遺産を奪うという、今回の事件を彷彿《ほうふつ》とさせる物語を描いている。そこでタイトルに使われた「後妻業」との言葉は、まさに千佐子の所業を的確に言い表すものだった。

彼女がなぜ「後妻業」に手を染め、一時は多額の遺産を得たにもかかわらず、犯行を重ねたことでやがて発覚し、破滅の道へと突き進んでいったのか。

個別の事件を争う裁判のなかだけでは明らかにされない、それらの手がかりを摑《つか》むためには、本人と直接対峙《たいじ》し、私自身の足を使ってゆっくりと前に進むほかなかった。

第一章　疑惑の後妻

周囲で不審死が相次ぐ女

事件取材の現場では、仕事の依頼はいつも突然入ってくる。

その日も、週刊誌の編集者からかかってきた電話をきっかけに始まった。

「京都府警が、結婚して間もない七十代の夫に毒物を飲ませて殺害した疑いで、京都府向日市の六十代の女を内偵捜査しているようです。しかも、夫が死ぬ前にもその女の周囲で不審死が相次いでいるらしくて……」

二〇一四年三月上旬のことだ。その編集者によれば、夫が死亡したのは一三年十二月末で、京都府警は一四年一月から内偵捜査を始めているという。

当然ながら内偵段階であるため、どこのマスコミも事件として報じてはいない。編集者は続けた。

「すでに彼女の家のまわりには報道陣が集まり始めてるみたいなんです。小野さん、行ってもらえませんか?」

その日、私は別件の取材で大阪市内に滞在していた。幸い、仕事は前日に終わり、あとは東京に戻るだけだ。こんなときの返事は決まっている。

「あ、じゃあこれからすぐ行きますよ。住所ってわかります?」

「よかった。いまは京都府向日市までしかわからないんで、あとでわかったら携帯にメールします」

「了解。ではのちほど」

すぐに身支度を始めた。キャリーバッグにカメラやパソコンといった取材道具と衣類を詰め込みホテルをチェックアウトして、梅田駅から阪急電車で京都を目指す。移動中にネットを使い、京都市内で借りられるレンタカーの手配も行う。そこまではいつもの流れだ。

そうしているうちに、編集者から携帯電話にメールが入る。独自の取材ルートで関係者についての情報を得たようだ。向日市の住所と死亡した夫の名前、そして疑いの目を向けられている妻の名前が記されている。そこで私は初めて二人の名前を知った。夫は筧勇夫さんで、妻は筧千佐子。私はそれらを手元のメモ帳に書き出した。

週刊誌の取材は、事件の発生や認知した際の〝曜日〟に大きく左右される。連絡を受けて動き始め、もうこれから先は印刷工程に入るため訂正できないという〝校了〟までの期間が、取材に割くことのできる限界なのだ。ちなみにこのときは、私が現場に臨場した翌日の夜から翌々日の朝にかけてが原稿完成の締め切り時間で、その日の夜に校了することになっていた。つまり、取材期間は最長で二日半もない。

取材対象が多く、時間が限られているため、編集部の専属記者が東京から一人派遣され、私とは別口で千佐子が筧勇夫さんと結婚する前に死別した夫について、取材をすることになった。編集者からのメールによれば、大阪府松原市に住んでいた山口俊哉さん（仮名）というその男性の土地登記上の住所は、最新の住宅地図によるとコインパーキングになっているらしい。該当する住所に添えて、編集者は次のように記していた。

〈上記住所の不動産登記情報によると、土地・建物については平成二十年（〇八年）五月十七日相続により「山口千佐子（苗字《みょうじ》のみ仮名）」が所有し、平成二十年十二月十日売買により第三者に所有権が移転しています。建物は平成二十一年三月六日に取り壊されています〉

ここで名前の挙がった山口千佐子が、今回の筧千佐子であることは言うまでもない。この時点で、千佐子については生年月日も明らかになっており、昭和二十一年（一九四六年）十一月とあったことから、現在六十七歳であると頭のなかに留め置いた。

レンタカーを運転して京都府向日市の筧家を目指した私は、昼過ぎには伝えられた住所に到着した。そこには、住宅街によく見られる門扉からすぐ先が玄関になっている建売風の二階建て住宅を、明らかに記者とわかる男女十数名が遠巻きに見ている姿があった。

現場を素通りした私は、少し離れた場所に見つけたコインパーキングに車を停《と》め、歩いて近づく。周囲を見わたすが顔見知りの記者の姿はない。当時の私は、関西地方では大阪府警や兵庫県警を担当する記者の知り合いはいたが、京都府警の担当記者に知り合いはいなかった。また、いつも東京からやってくる、馴染《なじ》みのワイドショーや週刊誌の記者の姿も見かけない。

まずは該当する家の門扉に近づき、玄関先に目をやる。茶色のアルミ枠にガラスのはまった引き戸の右上には、木製の表札がかかり「筧勇夫」と書かれていた。家屋はL字型の道の折れた部分の奥にあり、門扉の外からは玄関の上の二階にある窓が見えるが、内側から銀色のシートで覆われていて、なかの様子を窺うことはできない。

家の様子を見守る他社の記者たちの視線を感じながら、門扉のそばギリギリまで近づいて様子を探るが、誰かが家のなかにいる気配はなかった。

そこでいったん筧家の前を離れ、周辺を歩いてみることにした。

すでに他社の取材で荒らされているようで、近くの家のインターホンを鳴らしても、出なかったり、「なにも知りませんから」と冷たい声が返ってくる。

そこで筧家の前からはやや離れた、それでいてさほど遠くないあたりで姿を見かけた住人に声をかけることにした。

まずは家の前で立ち話をしていた、七十代前後の主婦二人に声をかけてみる。

「年末にダンナさんが亡くならはったんでしょ。十二月の末に家に救急車が呼ばれてて、正月の五日くらいに科捜研（科学捜査研究所）が家に来てたって聞いてますよ」

私の声かけに反応した主婦は、自分の子供が筧さんの娘と同い年で、家の事情を少し知っていた。彼女によれば、筧さんは京都市に本社を置く電機メーカーに勤めたのち、定年退職して年金生活を送っていたという。また、結婚して家を出ていた娘は離婚して出戻り、実家で学習塾を開いていたが、十年ほど前に亡くなっており、筧さんの前妻はそれよりもっと前に亡くなっていることを教えてくれた。

続いて、私は町内会長の自宅を訪ねた。

「そんなに詳しくはないけど……」

そう前置きして町内会長は言う。

「前の奥さんが死んでから、次に出会った女の人と同棲《どうせい》してはったけど、籍は入れずに別れたと聞いてるなあ。で、いまの嫁さんとは死ぬ一カ月前に籍を入れたみたいやね」

彼によれば、筧さんの葬儀は家族葬で密かに執り行われたそうだ。また、最近は室内に明かりが点《つ》いているのは見ていないと口にした。

さらに千佐子を直接見かけた人物を探して歩き回る。すると、買い物に出ていた、筧家のすぐ近くに住む主婦に遭遇した。

「いまの奥さんは大阪から来たいう話でしたよ。身長は百五十センチくらいやろかなあ。ちょっとポテッとした感じで化粧の濃い、どちらかといえば癖のある感じの人やったわ」

さらに彼女は続ける。

「たしか前に同棲してはった女の人が、去年の夏くらいまではおったはったんです。せやけどそれと重なるようにして、いまの奥さんが出入りしはるようになって、前の人はいつの間にか姿を見いひんようになりましたね。その後は、（筧さんが）車でいまの奥さんと二人で出かけたりする姿をよう見てました」

私は筧さんの人物像について質問した。

「ダンナさんは身長百七十センチくらいかなあ。痩せ型で、朝になるとサッサッサッと歩いて新聞を買いに行ったりしてはりましたよ。たしか元エンジニアいうてたかなあ。海外出張に行ったりとかもしてはったみたい」

家が近いこともあり、彼女は筧さんが亡くなった当日のことについても記憶していた。

「救急車が来たのは（十二月）二十八日の午後九時頃やったかな。担架で家から運び出されるときは、手がだらんと下に垂れてました。救急隊員が心臓マッサージをしてはったんやけど、それも途中で止《や》めたんで、ああ、亡くならはったんやって……。たしかあとでいまの奥さんが『パソコンをやってて、頭がふらふらしてこけた』と説明してたそうです」

私は彼女に、千佐子と直接会話をしたことがあるかと尋ねた。

「うーん、結婚したとの挨拶はありましたけど、それ以降はとくに話してないですね。回覧板に印鑑も押さはれてなかったし……。けど、二月くらいまでは（家に）いましたよ」

「どんなことでもいいので、彼女について記憶していることってありませんか？」

そう私が言うと、彼女はしばし考えて口を開いた。

「たしかダンナさんが死んだ翌日でしたけど、下向いて買い物に行く姿を見ました。あと、ダンナさんが死んでからも、朝とか夕方とか、化粧をばっちり決めてどっかに出かけてました。時期も時期やし、なんや変やなあって違和感があったんで、記憶に残ってますね」

その日、筧家の周辺で集まるめぼしい話はそこまでだった。こちらとしても、千佐子が逮捕されるなど、事件として確定していない以上は「殺人」という単語を安易に口にすることはできないため、あくまでも人物像やその行動を尋ねることに留《とど》まる。

最初の嫁ぎ先周辺の評判「金遣いが荒い」

翌日も向日市に出向いて周辺の取材をしていたが、途中で編集者から電話があり、千佐子が最初に結婚した相手の住所がわかったため、そちらに行ってほしいと言われた。住所は大阪府貝塚市で、夫の名は矢野正一さん（仮名）だという。

レンタカーのカーナビにメモをとった住所を打ち込むと、約八十五キロメートルの距離だ。途中から高速道路を使い現地を目指す。

一時間半ほどかけて近くに来ると、ナビはみかん山の脇から狭い坂を上るように指示している。この先に人家があるのか不安になりながらそのまま進むと、すぐに日本家屋が立ち並ぶ集落に到着した。

空き地を見つけて車を停め、歩いてその住所を探すと、たぶんここだろうという家が見つかった。農家などによく見られる、広い敷地の入口付近に倉庫があり、奥に瓦ぶきの日本家屋があるというつくりだ。

玄関のインターホンを押すと、男性が玄関先に姿を現した。だが、「他所から移り住んできたんで、まったくわからんのですよ」との返事だった。

そこで周辺を聞いてまわっていると、散歩をしていた年配の女性が足を止めた。

「たしかあそこの夫婦には子供が二人いて、男と女やったで。どっちも結婚して家を出てたと思うわ」

そう語る女性によれば、もともと正一さんはこの近所の出身で、千佐子が遠方から嫁いできたらしい。

「九州から嫁いできたんや。たしかダンナが若いときに九州に旅行に行き、嫁さんがついてきて結婚したいう話やで」

正一さんの死からは、すでにかなりの時間が経過していた。

「死んだのは十年前どころやない。もっと前やな。ダンナが死んでから嫁さんが一人で住んでたんやけどな、金遣いが荒いいう話で、借金ができて家を手放すことになったんや」

なんでも、この近くに矢野家の本家があり、正一さんはもともと本家の兄が経営する運送会社で働いていたが、途中で工場を造って布地に染色をする仕事を始めたそうだ。正一さんの死亡後は千佐子がその工場を継いだが、うまくいかずに倒産したという。

「あの嫁さんはなかなかの美人やったで。ただ、本家に遠慮せずにものを言う嫁さんやって評判やった」

その女性に教わり、正一さんの実家である矢野家の本家へと向かう。古い日本家屋の呼び鈴を鳴らすと、なかから年配の女性が出てきた。訝《いぶか》し気な顔をした彼女に私は切り出す。

「あの、矢野正一さんに嫁いだ千佐子さんについて、いま取材をしているのですが……」

するとすでにどこかの社が取材に来たのだろう。彼女は眉間に皺を寄せて言った。

「嫁いで行った人だから、なにも言うことはありません」

そのまま引き戸を閉められそうな勢いだったため、私は続けざまに質問した。

「あの、千佐子さんにご兄弟はいました？」

「たしか、お兄さんがいたんやない」

「ご両親は……？」

「ご両親は亡くなってるでしょ。結婚式んときは挨拶に来ましたけど、それももう四十年くらい前の話ですから。あの、もうお話しすることはありませんから」

そう言われ、戸を閉められた。直前に千佐子が本家に対して「遠慮せずにものを言う」ということを耳にしていたこともあり、そのために悪感情を抱かれていたということが窺える対応だった。

もう少しこの地での生活実態について調べたいと考えた私は、周辺を歩いてまわる。

そうするなか、農作業を終えて軽トラックで自宅に戻ってきたばかりの初老の男性を見つけた。私が門の外から声をかけると、男性は「なに？」と好奇心を浮かべた表情で、敷地内に招き入れてくれた。矢野正一さんと結婚していた千佐子について調べていると話すと、彼は口を開いた。

「もう正一さんが死んで十年くらい（のちに二十年前と判明）になるなあ。あの人は病気がちで入院したりしてて、ほんで自宅で死んだからなあ。たしか死んだときは五十代やった思うで」

「なんか染色の仕事をしてたみたいですね？」

「染色いうか、下請けの仕事で、ガリ版刷りみたいにして布にプリントする工場を持ってたんや。たしか『矢野プリント（仮名）』いう名前でやっとったわ。で、正一さんが亡くなったあとも奥さんが引き継いでプリントをやりよったで」

「でも、そこは潰《つぶ》れてしまったんですよね？」

「そうや。あそこの奥さんはちょっと派手好みの人でな、あちこちに借金を作って、家と工場を抵当に取られて、競売にかけられてしまったみたいやな」

そこまで話を聞き、先ほどの本家の対応を思い出した私が、「なんか、本家とはあまり仲が良くなかったみたいで……」と切り出したところ、彼は苦笑いを浮かべた。

「そらまあ、なあ……。田舎《いなか》には似合わん活発な人やったからなあ。本家ともいろいろやり合うてたみたいやで。まあ、本家のことは嫌ってたわな」

その男性はそこまで話すと、「ああ、そういえば……」と、なにかを思い出したかのように口にした。

「去年の夏くらいやったかなあ、うちにあの嫁さんについて聞きに来た人がおったんや。××（一部上場企業）を定年になったいう初老の男の人でな、あの嫁さんと結婚したいと思ってるから、どんな人か聞かせてもらえんやろか言うてたわ」

そこでどのように答えたのか尋ねたが、彼は詳しくは記憶していないようで、「いやもう、さっき話したようなことしか言うてへんで」との言葉を繰り返す。やがて、車で帰ってきたはずなのにいつまでも家に入って来ない夫を気にした妻が、玄関を開けて声をかけてきた。すると彼はバツの悪そうな顔で、「ま、そういうこっちゃ」と、話を切り上げて玄関へと足を向けたのだった。

いったい何人と結婚して何人が亡くなったのか

「小野さん、いまどこにいます？」

貝塚市での取材を諦めて、改めて向日市へ戻ろうとした私に編集者から電話が入った。

そこでまだ貝塚市内にいることを告げると、私とは別に行動していたもう一人の記者が入手した新たな取材先があるので、そちらへ行ってくれないかという。

編集者が伝えた住所は大阪府堺市だった。どうやら千佐子が山口千佐子を名乗ってマンションの部屋を借りていたらしい。その名前は千佐子が筧さんの前に、松原市の山口俊哉さんと結婚していたときのものだ。

カーナビ上の距離はおよそ三十キロメートル。約一時間で到着できる。私はその住所を目的地に設定した。

到着した場所にあったのはごく普通の六階建てのマンションだった。千佐子はここの二階の部屋に住んでいたはずだ。隣接する住人に話を聞こうとするが、その多くはインターホンを押しても反応がなかった。話を聞けた同じ階の住人もいるにはいたが、「たしかに六十代くらいの初老の女性が住んでいました。一人で暮らしているようでした」と口にするのみで、反応は薄い。

その後、連絡のついた大家によれば、千佐子がこのマンションに入居したのは〇八年十二月で、それから一一年十月までいて、退居したという。

「見た感じは普通でしたよ。とくに入居時のトラブルはありません。家賃の支払いが遅れることもなく、どちらかといえば模範的な入居者です。娘さんが近くに住んでいたから、このあたりの物件を探していたということでした。本人は未亡人で家主をやって生計を立てていると説明していて、倉庫を貸しているから定期収入があると口にしていました」

　取材前に編集者が送ってきた山口俊哉さんの不動産登記情報では、千佐子は相続によって〇八年五月十七日に所有した松原市の土地・建物を、同年十二月十日に売買している。つまり、この堺市のマンションはその時期に住み始めたことになる。

　断片的な情報しか集まらないため、いったい彼女が何人と結婚していて、そのうち何人が亡くなり、何人の死亡に関わっているのか、まったく判然としない。

　死亡した人物として現時点ではっきりしているのは、直近の夫である京都府向日市の筧勇夫さんと、その前の夫だった大阪府松原市の山口俊哉さん、さらに最初の夫だった大阪府貝塚市の矢野正一さんの三人だ。

　そこで私とは別行動で取材している酒井記者（仮名）に電話をかけたところ、もう一人の結婚相手がいることがわかった。酒井記者は言う。

「兵庫県西宮市の宮田靖さん（仮名）という人で、山口さんの前に結婚していたそうです」

　つまり千佐子はこれまでに四回結婚していたということになる。酒井記者は続けた。

「これまでにわかっているのは、千佐子の最初の夫だった矢野正一さんが死亡したのは一九九四年九月で、入院していて外泊許可を受けて自宅に帰ったときだったそうです。その後、時期はわかりませんが、彼女は宮田さんと結婚。彼と死に別れてから、〇七年に結婚相談所を介して出会った、松原市の農家の山口さんと入籍したそうです。そして山口さんの死後に今回の事件を疑われている筧さんと結婚した、と」

山口さんは〇八年五月に死亡（死因は心筋梗塞との所見）しているため、結婚前の交際時期を考慮すると、結婚期間は数カ月だろう。筧さんの死亡も入籍の一カ月後だったことを考えると、どちらも入籍して、さほど時を経ずに死亡しているわけだ。

「ただ、聞いた話だと、彼女の周辺で死亡しているのは、入籍した相手だけじゃないそうです。ほかにも交際した相手が何人もいて、不審死を遂げているとのことでした。ちなみに、筧さんの体内から検出されたのは青酸化合物という話です」

一人の女性の周囲で、彼女と入籍や交際をした複数の高齢の男性が不審死を遂げ、青酸化合物が使われた可能性がある。まだ疑いの段階でしかないが、もしそれが事実だとすれば大事件である。

そこまで話して、酒井記者は「ああ、それから……」と言葉を足した。

「千佐子のもともとの苗字は『山下』だそうです。福岡県の東筑高校を卒業して、××

銀行（都市銀行）の北九州市にある支店に勤めていて、矢野さんと結婚して大阪にやってきたそうです」

私は「北九州市」と「東筑高校」という言葉に反応した。北九州市は私自身の生まれ故郷であり、東筑高校といえば地元でも有数の進学校だからだ。

千佐子の過去を探る旅

駅舎から南方向に向かって真っ直ぐモノレールの線路が延び、目の前のペデストリアンデッキを抜けた左正面には百貨店が、右正面にはアーケード街へと連なる道が見える。私は北九州市の小倉駅に降り立っていた。地元ということもあり、馴染み深い景色だ。

別行動で取材した記者から千佐子が卒業した高校についての情報を得た翌日、約二日半の取材で出来上がった記事のゲラをチェックし終えた私は、北九州市へと移動した。すでにその前のやり取りで、担当編集者から千佐子の過去を探る出張の許可は得ている。

私は彼女の学生時代の同級生を探し出し、当時のエピソードを集めたうえで、本人の写真を入手するつもりでいた。

間もなく発売される週刊誌の記事で、京都府警が千佐子について内偵捜査を行っており、彼女と結婚や交際をした複数の高齢の男性が次々と〝怪死〟を遂げていることが明らかにされる。できればその記事の発売前に集められる限りの情報を得ておきたかった。

　彼女が卒業した福岡県立東筑高校は、北九州市内の公立高校では県立小倉高校と並ぶ進学校で、俳優の高倉健や、元オリックス監督の仰木彬、芥川賞作家の平野啓一郎などを輩出している。校区の関係で、生徒は主に北九州市の西部にある八幡東区や八幡西区、若松区、さらには近接する中間市や遠賀《おんが》郡などから通っているはずだ。

　そこで私は通学エリアを中心に、千佐子と同級生である一九四六年四月から四七年三月生まれの、東筑高校卒業生を探そうと考えていた。

　そんな折、編集者から「東筑高校の同窓会名簿が手に入りそうです」との朗報がもたらされた。あらかじめ同級生だとわかっている先をまわるのと、なにもないところで一から同級生を探すのとでは、かかる労力は雲泥の差だ。

　やがてメールで送られてきた平成二十二年（二〇一〇年）版の同窓会名簿のＰＤＦファイルには、矢野千佐子との名前があり、旧姓の欄は（山下）となっていた。住所として記載されているのは、彼女が山口千佐子の名で借りていたマンションとは異なる、堺市内にあるマンションだ。

　また、勤務先として「××銀行」（本文実名）と、高校卒業後に就職し、四十年近く前に寿退社した大手銀行の名が残されていることから、千佐子がその職場に誇りを持っていることが窺える。

「うーん、そういう名前の人がいた記憶はあるけど、憶《おぼ》えてないですねえ」

約五十年前の記憶を辿《たど》る取材は難航した。事前に電話を入れず、レンタカーで同一地区ごとに訪ねてまわったのだが、不在だったり、本人がいても記憶にないとの回答が相次いだ。同窓会名簿には在校時のクラスが書かれていないため、そのことも彼女を知る人物の特定に時間がかかる原因となっていた。

また、こちらとしても千佐子が事件に関わっている疑いがあるとの言葉を口にできないため、ただ「どのような人物かを調べている」との文言で通したことも、相手が口を開くことへの障壁となっていた。

突破口が見つかったのは、十カ所以上をまわったあとのことだ。

「ああ、山下さんね……」

とある女性が懐かしさに顔をほころばせたのである。

「あまり目立った存在やなくて、おだやかな感じです。ただ笑顔がなんか良かった記憶がありますね」

千佐子らの世代は一学年に十クラスあり、三年次は八組だったと彼女は記憶していた。

「同窓会はずいぶん前に一、二回あり、山下さん（千佐子）は大阪から来てました。それで『わざわざ来たんやね』と声をかけた記憶があります。そのときは、とくに変わった様子はなかったですよ」

千佐子は八幡区（当時）に住んでいたそうだが、具体的な地名までは記憶にないという。卒業アルバムを持っていないか尋ねたが、いまはどこにあるかわからないとの返答だった。

私はその翌日も午前中から同級生探しを続けた。すると取材を始めて間もなく、クラスは違うが卒業アルバムを持っているという女性に行き当たった。

「ああ、この人が山下さんやね」

その女性は、玄関先にアルバムを持って来て開くと、三年八組のモノクロの集合写真を指差して言う。そこに写っているのは、セーラー服を着たショートカットの小柄な女の子だ。目は一重で、小ぶりな鼻にすぼめられた口。たしかに外見からいえば、活発というよりはおとなしそうな雰囲気だ。

アルバムにはクラスの寄せ書きもあり、千佐子の名前を探すと、やや丸みのあるかわいらしい文字で〈開拓　ちさこ〉と書かれた一文があった。彼女はいったいなにを〝開拓〟したかったのだろうか。

私は所有者の了解を得ると、そのアルバムを手持ちのカメラで複写させてもらった。

巻末にはクラスごとの住所録があり、これで千佐子と同じクラスの同級生が特定できる。それに加え、在校時の自宅住所が千佐子の自宅近くであれば、同じ中学校を卒業した可能性が高い。

そのようにして一軒一軒を潰していくと、不在や現住所が異なるといったケースも少なからずあったが、該当する人物に行き当たることができた。

ただ、そこでも五十年という時間が壁となって立ちふさがる。山下千佐子という同級生がいたことは記憶しているが、とくにめぼしいエピソードが出てこないのだ。

またそれと同時に、この人はよく知っているはずなのに、明らかになにかを隠していると思《おぼ》しき人物も現れ始めた。

「いや、たしかに同級生やったけど、そんなに親しかったわけでもないし、とくに憶えてることはないですから……」

すでにどこかの社の取材が入り、一部の同級生間で連絡を取り合っているのだろうか。挙動に垣間見えるかたちでの緩やかな〝取材拒否〟が続いた。そのような場合、通常ならば口をつく「彼女がなにかしたんですか？」といった質問は一切出てこない。

時間が限られていることもあり、高校時代の同級生探しはいったん打ち切り、続いて千佐子の中学時代の同級生探しに切り替えることにした。

とはいえ、高校の卒業アルバムにある千佐子の自宅住所は、おおよその場所としては推測できるが、現在は存在しない旧町名であり、しかも枝番は記載されていなかった。五つの市が合併して北九州市が誕生したのは一九六三年のこと。この卒業アルバムに、八幡区××（町名）と記載されている千佐子の自宅住所は、現在の北九州市八幡西区に属する。

到着した現地では、年配の人を中心に聞き込みを行い、以前××だったという住所が現在はこのあたりだという見当をつけた。しかし、枝番がないために範囲はかなり広く、再開発も行われていたため、古い住居はかなりの数がなくなっている。そのため、千佐子が幼少期を過ごした自宅（跡）は見つけることができなかった。

唯一の希望は、東筑高校時代の同級生取材のなかで、千佐子の出身中学校名がわかっていたことだ。その学校を卒業した、該当する年代生まれの人物を探せばいい。

レンタカーをコインパーキングに停め、路上で見かける〝六十七歳ぐらい〟の人物に対して、のべつまくなしに声をかける。ハズレばかりが一時間以上続き、いいかげん疲弊してきたこともあり、車を出して周囲をまわってみることにした。

そうしていると、酒屋が目に入ったため、店の前に車を停めて店内に入った。配達などで近隣の情報が入ってくる酒屋や米屋などは、取材では必ず立ち寄ることにしているのだ。

「すいません。このあたりで現在六十七歳前後の、××中学校を卒業した人を探してるんですけど……」

ミネラルウォーターを一本買い、中年の男性店主に声をかけた。

「えーっ、そんな人近所におったかなあ」

店主は考え込む。そのとき、ガラス戸越しに目に入った光景に口を開いた。

「あっ、池田さん（仮名）。あの表を歩いとるおばちゃんおるでしょう。あの人たしかそれくらいの歳やなかったかなあ」

そう言うと、男性店主は店外に出て池田さんに声をかけた。

「なあ、池田さん、あんた歳なんぼやったっけ？」

「え？　私？」

池田さんは足を止め、突然の質問に驚いた顔で振り向く。

「そう。この人、記者さんで、××中を卒業した、いま六十七歳の人を探しよるみたいなんよ」

「え？　私いま六十七よ。なんなん？」

そこで私が割り込むようにして口を挟んだ。

「すいません。じつはいま××中学校を卒業したある女性を知っている人を探してまして……。その女性が六十七歳なんですよ」

「なん、そしたら私の同級生やん。なんていう人？」

「山下千佐子さんって言うんですが」

「え？　山下さん？　下の名前が千佐子さんって言うんね？　そしたら私が知っとる山下さんかもしれんよ」

あまりの偶然に胸を高鳴らせつつも、こちらが舞い上がりすぎると相手に引かれてしまうと思い留まり、まずは声をかけてくれた店主に向かって礼を言った。

「どうもありがとうございます。おかげで探していた人が見つかりました」

そうして店主には店内に戻ってもらい、続いて池田さんに声をかけた。

「あの、ぜひとも山下さんについての話をお伺いしたいのですが、いまはどちらかにお出かけのところですか？」

「ううん。これから家に帰るところなんやけど。山下さんについて、なんが知りたいん？」

「もう、昔の思い出話とかで結構です。なんか記憶に残ってることがあれば、どんな些《さ》細《さい》なことでもいいんです……」

「そうねえ。私、小学校も一緒やったんやけど、とにかく頭がいいって印象やねえ……」

「あの、ここで立ち話もなんですから……」

聞けば、池田さんの家は歩いて五分くらいの距離にあるという。そこで、店の前に停めた車で送るからと話し、彼女を乗せて自宅へ向かうことになった。

「私ともう一人、箕輪さん（仮名）という人がおって、家が近かったけ、山下さんと仲良かったんよ。小学生のときとかは、よう一緒に遊びよったね」

玄関先で池田さんは当時を振り返る。私は千佐子が夫の不審死で内偵捜査を受けていることについては語っていない。騙《だま》して話を聞くようで申し訳なかったが、現時点で口にするわけにはいかなかった。

「さっきも話したんやけどね、東筑高校に行くくらいやから、成績はとにかく良かったんよね。ただ、運動はそんなに得意やなかった。ほかはオール五やけど、体育だけは点数が低かったみたい。それで中学校のときに、彼女が先生に向かって『私は運動はできないですけど、とにかくほかの誰よりも頑張りました。だから体育の点をください』ってちアピールしたことがあったんよね。それを聞いて、私は山下さんらしいなあっち思った記憶があるけね。彼女、気が強いんよ。言うべきことは言うタイプやから」

そう口にした池田さんは、「山下さんは最近は元気にしとるん？」と私に尋ねた。

「ええ。専業主婦をやっていて、昨年旦那さんを亡くしたと聞いてます」

すると池田さんは「え、そうなん？」と意外そうな顔をした。

「中学を卒業してからは会ってないんやけど、私は山下さんのような人は、どの世界に行ってもリーダーになっとるんやないかなっち思っとったのに……」

「高校を卒業して××銀行に就職したんですけど、結婚してやめたそうです」

私が事実として伝えられるのは、これくらいしかない。

池田さんは中学時代の卒業アルバムを見せてくれた。セーラー服を着てクラス全体の真ん中で、すました顔で写真に収まる千佐子は、中学生とは思えない大人びた表情をしていた。それは、どちらかといえば、高校の卒業アルバムの写真よりも年嵩《としかさ》に見えるものだった。

近しい男性が十人から十一人死亡

北九州を離れた私は、ふたたび大阪駅に降り立った。山口俊哉さんの前に千佐子が結婚していた、兵庫県西宮市の宮田靖さんについて取材するためだ。

向かったのは阪神甲子園球場からさほど離れていない住宅地。持っていた住所からここだという三階建ての建物を見つけたが、一階が歯科医院になり、二階には入居者募集中との紙が貼られている。

周辺で話を聞こうとするが、すでに何社かの取材が入っているようで、断られたり、よく知らないといった反応が相次ぐ。

「ああ、宮田さんのところですね……」

そう口にしたのは、宮田家を知るという中年女性だった。

「もともとあの家に住んでたんは、宮田さんと奥さん、それに娘さんでした。宮田さんと奥さんは家からちょっとだけ離れた場所で薬局をやっていて、二人とも白衣を着て店に立ってましたね。そんで、あの家の、いま歯医者さんになってるスペースが、薬の倉庫やったんです」

やがて宮田さんの妻が亡くなってから、環境が変化したと彼女は語る。

「お父さん（宮田さん）もやつれて、ちょっと頬がへこんでる感じになってたんですね。それからちょっとして、別のおばちゃんが家に出入りするようになったんです。その頃はいつの間にか娘さんは家から出て、いなくなってました。で、そのおばちゃんが出入りするようになって、わりとすぐに宮田さんが亡くなったんです。そのあとも家は夜に電気が点《つ》いたりしてました。ご覧の通り、大きな家じゃないですか。だから一人で住むには広すぎるだろうにと思ってたら、すぐに所有者が変わったんです。近所では、あのおばちゃんが売っ払ったんだと噂《うわさ》になってました」

後日、宮田家の土地登記簿を見ると、〇六年八月二十八日に、土地と家屋が「宮田千佐子（苗字のみ仮名）」に遺贈されたとの記録があった。そして翌〇七年三月二十七日に、登記名義人氏名変更として「矢野千佐子」の名義に変わり、同年六月十一日には不動産業者に売却されていた。

ちなみにその際に不動産業者は抵当権を設定しており、金額は五千九百三十万円だった。つまり、千佐子はそれだけの金額を手にしたと見られる。

さらに、宮田さんは大阪府大阪市中央区のオフィス街にあるビルの一室も所有しており、そちらも遺贈として自宅のときと同日に〝妻〟である千佐子の名義に変わっていた。この一室も登記名義人氏名変更を経て、〇七年八月三十一日に不動産業者に売却されている。そこでの不動産業者の抵当権設定の金額は三千五百万円だった。

その日のうちに、私は兵庫県警を担当する新聞記者と会った。待ち合わせ場所のホテルに現れた須藤記者（仮名）は、こちらの顔を見るなり切り出した。

「県警の捜査員の話だと、西宮は最初から無理みたいですよ。検視したけど不審な点はなかったって……」

ここに出てきた西宮とは、宮田さんの死亡についてのことで、事件化するのは無理だという意味だ。

「もともとは、夫が家で死んでると千佐子から電話があり、かかりつけ医が家にやってきて死亡を確認したそうです。その後、警察も検視をしましたが、不審な点は見られず、家のなかも見たけど不審な部分はなかったという話です。結局、死因は脳梗塞ということになりました」

須藤記者によれば、宮田さんのほかにも兵庫県には千佐子と交際して死亡した人物が三人いるとのことで、いずれも事件化はされていないらしい。さらに詳細は不明だが、奈良県にも一人、あと大阪府では結婚した矢野さんと山口さんのほかに、二、三人の該当者がいるとの情報があることがわかった。

十三年末に死亡した京都府の筧さんを含めれば、九四年に死亡した矢野正一さん以降、十九年のあいだに総勢十人から十一人の、千佐子に近い男性が死亡していることになる。

それはたしかに、異様としか思えないほどの、数の多さだった。

ついに口を開いた〝囲み取材〟

〈結婚して間もない夫が次々と他界して、多額の遺産を得た女〉

一四年三月、京都府警が内偵する千佐子の疑惑について、複数の週刊誌が記事を掲載した。逮捕前ということで「筧千佐子」という名前が誌面に登場することはなかったが、それでも捜査機関にとっては、これで同案件を適当に処理することはできないという、一定のプレッシャーにはなったことが予想される。

そうした週刊誌報道が出てからも、新聞やテレビが後追いをすることはなく、凪《なぎ》の時間がしばらくは続く。とはいえ、水面下では激しい競争が始まっていた。私が初めて向日市の筧家に辿り着いた際に目にした記者たちのように、千佐子の周辺には週刊誌だけでなく、新聞やテレビの取材が押しかけていたのだ。そのため、直接本人の話を聞いておこうと、記者たちは彼女の立ち寄り先で張り込みを続けた。

その一つだったのが、千佐子が高校の同窓会名簿に自宅住所として記載していた、大阪府堺市にある分譲マンションである。登記簿上の所有者が娘となっている、周囲でも際立って背の高いそのマンションの十一階に、千佐子が住んでいるとの情報があった。

私自身は別の担当先をまわっていたため、その場に立ち会っていないのだが、同マンションの近くにある駅前の路上で、十数人の記者が千佐子を取り囲んだことがあった。三月十三日の夕方のことである。

千佐子が逮捕されてから、多くの記者の前で、透明のビニール傘を持ち、黒いストールを巻いた姿で喋《しゃべ》る彼女の映像が、テレビで幾度となく流れたが、それこそがこの〝囲み取材〟だった。

　その場で千佐子は約二時間にわたって、記者の問いかけに答えている。私はのちにそこで録音された音声データを入手した。重複したり、必要のない部分は割愛するが、以降に開かれた裁判等での彼女の証言との矛盾を検証するためにも、やり取りをできるだけそのままの状態で掲載させていただく。

　なお、以下の部分で「記者」とあるのは個人ではなく、彼女の周辺で質問を繰り出した記者たちの総称である。さらにもう一点付け加えておくと、ここでのやり取りのなかには、あとになって事実ではないと判明したことがいくつも含まれている。そのため、あくまでも千佐子はこのように説明していた、との認識で読み進めていただきたい。

記者「警察から話を聞かれていることをどう思っていますか？」
千佐子「私は自分が犯罪者になりたいと思って人生を生きてないです。楽しく末永く生きたい。二人暮らしで人を殺《あや》めるということは、百パーセント私が第一発見者になるのはわかってますやん。あえて第一発見者になるというのは、あえてそれをするほど私ぼけてませんし、絶対にするはずがない。そんなに私早く死にたくないし、長生きしていきたい。それをすべて私が犯罪者で殺したようにみなさんが言うけど、それは違う。誰が考えてもそうじゃないですか」
記者「ただ、結婚した相手が何人か亡くなっています。そしてまた結婚して、また亡くなってと……」
千佐子「それもお医者さんに診てもらってちゃんとしてます。死因もちゃんとわかってます。堂々と生きています。後ろめたいことはない。手当てもしています」
続いて記者から結婚相手とどこで出会ったか聞かれた千佐子は、友人の紹介や結婚相談所だったことを口にしている。さらに彼女はみずから警察が毒殺を疑っていることを切り出し、「ただ、私が毒を入れていると捉えられたら、二人暮らしで私しかないじゃないですか。ふつう小学校の子供でもわかりますやん。毒をどこかで手に入れて、私が殺したら私だとは火を見るより明らか。そんなことしますか？　私が」と、そこまで愚かなことをするはずがないと強弁した。
記者「では（筧さんは）自殺したんですか？」
千佐子「自殺というか、私は彼がたとえば……死体検案書には毒と書いてありましたわ。二人暮らしで私がやるなんて、ぼけていない限りしないでしょう」
記者「確認ですが、やっていないと？　毒を入れていないと？」
千佐子「入れてませんよ。逆にそんなもんどこで手に入れるんですか。生活のなかで毒が手に入れられる状況にありますか？」

千佐子は自分に青酸化合物を入手する手段がないと明確に否定した。
また、筧さんの前に結婚していた大阪府松原市の山口俊哉さんの死亡時の状況について記者から質問されると、彼が病院に行かない人物だったと前置きして、「亡くなった日は、ちょっと前から仕事にも行かなくなって、しんどいとは言ってましたけど、その日が特別ということはなく、ずーっとこの頃、田んぼ行かへんな、というのはありましたけどね」と、あくまでも山口さんが体調管理に無頓着で、そのために健康不安があったことを強調する。

記者「千佐子さんにとっての結婚とは？」
千佐子「やっぱり生活の安定と、どこかに遊びに行って楽しくする……その代わり相手の健康管理はするし、おいしいもの食べたりするし、楽しく暮らす」

記者「それは結婚しないとできないことですか？」
千佐子「それはあなたの考えかはしらないけど、やっぱり男の人と一緒に暮らしたほうが私はよかった」
記者「わざわざ籍を入れなくてもできるのでは？」
千佐子「それは言わせてください。私もほんまに籍なんか入れたくなかった。筧の場合はとくに、前の嫁さんが七年暮らして入籍を拒んだから、彼の条件で……。入籍しなかったらいやや、前の女みたいになったらいやや、恥ずかしいと熱心に言われた。それだけです。理由は」
記者「（山口）俊哉さんの場合は？」
千佐子「俊哉さんの場合は、あの人はどっちでもいいよという感じだけど、『僕も子供もいないし、入籍したほうがいいよ』って言うので。彼がとりたてて『入籍してくれ』とは言わなかったけど、自然に入籍することになりました」
記者「子供がいなくて、なんの面でいいと言われたんですか？」
千佐子「自分一人だから、入籍したほうがややこしくなくていいと」
続けて捜査員からの情報を得ている記者が、結婚相手以外に内縁関係の交際相手はいないかと質問すると、千佐子は「それはないですね」と否定する。さらに記者が「（結婚した）四人以外の人はないですか？」と再確認しても、彼女は「ないです」と頑《かたく》なに、その他の交際相手の存在を認めようとはしなかった。

記者「（兵庫県西宮市の）宮田さんとはどこで出会いました？」
千佐子「友達の紹介」
記者「宮田さんが亡くなったときの状況は？」
千佐子「だいぶ体調が悪かった。亡くなるとは思ってませんでしたけど」
記者「どんなふうに体調が悪かったんですか？」
千佐子「脳梗塞をずっと患っていて、治ったり、またなったりという感じ。もともと一緒になる前から脳梗塞を何回か大きいのをやって、という感じでした」

ここでも山口さんと同じく、千佐子は宮田さんに健康不安があったことを示唆する。
そこで記者は質問を変えた。
記者「筧さんとは財産、年収だとか学歴を見て、結婚したんですよね？」

千佐子「私以外も、結婚する人は老後のことも考えているから、借金だけで年金もない人とは結婚しないですよ。私以外の誰でも。彼の魅力は子供がいないこと。年金もあまり多くないけど、子供がいないのはいちばん魅力だった。再婚で揉《も》めるのは子供のこと。いないのは良かった」

記者「生命保険は？」

千佐子「五百万だった。七十過ぎたら五百万にしか入れない。子供さんがいない人が死んだ場合、兄弟に行く。二千万残したら一千万行く。保険金目当てと思ったかもしれないけど、あなたたちが思うほど、保険金目当てとは言われない。私はそんないやらしい女だと思われたくないから。（保険金の額を）聞いたこともない。ただ魅力的だったのは、子供がいないこと」

千佐子は自分がカネに執着がないことを主張した。そして子供がいないことが相手の魅力だと語るも、なぜそこに魅《ひ》かれるのかについては明確にしていない。

記者「結婚してきた男性は、千佐子さんにどんな魅力があると？」

千佐子「明るいとか、あっさりしているとか、面白いとか、そんな感じ。けっして美人ではないし……」
記者「いまこの状況、どう思われますか？」
千佐子「もうこんな気持ちになって生きていくんだったら、死んだほうが気が楽だなって、楽ですわ。うん、もうそれだけですね。でも、言われている言葉は、あんた自殺したらあかんでーって。自殺したらあんた、自分が罪を認めることになるんやでって言われています」
記者「誰にですか？」
千佐子「え、いや、まわりの人に」

その場の思いつきで話しているためか、追及されると言葉に窮す。やがて、彼女への〝囲み取材〟が始まって二時間近くが経過したところで、記者が念を押す。

記者「最後なんですが、殺しとかはやってないということなんですよね？」
千佐子「はい。私は最後、みなさんいてはるから言いますけど、私はまだ生きときたいんです。死んだ人のための供養とかずっとしてあげたいし、私も生きときたいんで。（中略）そんな、私は死にたいと思って、いままで生きてませんから。やっぱり生きときたい。それはまず根底にあるから。捕まるということ、警察のとこに行くっていうのは死ぬのに等しいですからね、人生。死刑にはならなくても、死刑にされるのと同じくらいの苦しみですよ。（中略）そこまで私まだぼけてませんから。生きときたいですよね。そのためにあえて殺人を犯して警察に入るようなことするメリットなんて、なんもないです。なんもないです」

これが千佐子の逮捕前の主張だった。次に彼女がみずからの口で事件について公に語るのは、裁判が始まってからということになる。

第二章　被害者たち

四人への殺人・殺人未遂容疑で逮捕

二〇一四年十一月十九日、千佐子は夫である筧勇夫さんへの殺人容疑で、京都府警に逮捕された。

この逮捕の状況について、私が話を聞いた大阪府警を担当する今野記者（仮名）は次のように説明する。

「十八日に千佐子から自殺をほのめかされた関係者が、警察に通報したんです。京都府警はまず向日市の筧宅に向かいましたが、不在だった。そのため千佐子が二重生活を送っている大阪府堺市のマンションに急行したところ、十九日の早朝に彼女が外出する姿を確認。最寄駅から電車に乗って、大阪府熊取町内の駅で下車したところで任意同行を求め、その日の午前八時過ぎに逮捕しました」

事件発覚以降のおおまかな流れを整理しておくと、筧さんが死亡した一三年十二月から京都府警の捜査が始まった。その過程で、千佐子がこれまでに他府県で結婚や交際を繰り返し、その相手が死亡するたびに遺産を受け取っていたことが判明する。

やがて一四年五月から六月にかけて、一二年三月に大阪府で死亡した千佐子の交際相手の保存されていた血液から、青酸化合物が検出されたことで、京都府警と大阪府警が合同捜査本部を開設した。

さらに同年夏には、千佐子が不用品回収業者に引きわたしたプランターを京都府警が任意提出を受けて調べたところ、土のなかから不審な小袋が見つかり、付着物から微量の青酸化合物が検出された。

そして一四年十一月の最初の逮捕と同時に実施された家宅捜索では、堺市のマンションで同種の小袋と、空《から》のカプセルが発見、押収されている。

翌一五年一月二十八日には、大阪府警が交際相手である大阪府貝塚市の本田正徳《まさのり》さんを殺害したとして、千佐子を殺人容疑で再逮捕した。一四年三月の記者たちによる〝囲み取材〟で、彼女は結婚した男性以外との交際について否定していたが、捜査当局はそのすべてを把握し、水面下で捜査を続けていたのである。

再逮捕後の大阪府警による取り調べのなかで、千佐子は筧さんと本田さんのほかにも数人の男性の殺害を認めたため、一五年三月に大阪府警と京都府警、さらに兵庫県警と奈良県警を加えた四府県警による合同捜査本部を設置する。

一五年六月十一日には、交際相手で〇九年五月に死亡した、兵庫県神戸市の末廣《すえひろ》利明さんへの借金返済を免れるために殺害を企《たくら》んだとして、千佐子を強盗殺人未遂容疑で再逮捕した。

さらに合同捜査本部は一五年九月九日に、交際相手で一三年九月に死亡した兵庫県伊丹市の日置稔さんを殺害したとして、千佐子を殺人容疑で再逮捕したのだった。

結果として千佐子が起訴されたのはその四人に対する犯行にとどまる。その他の死亡した結婚相手や交際相手のうち四人については、逮捕するには証拠が不十分だと判断され、捜査書類が大阪地検に送付されたのちに不起訴となったというのが一連の流れだ。

このように記せば、すべての捜査が順調に進んだように思われるかもしれないが、実際のところは、けっして一筋縄ではいかないものだった。

というのも、死亡時に事件性がないとされてしまったことで、胃の内容物や血液といった、のちに鑑定が可能な資料が残されていなかったのである。

京都府の筧さんを除くと、大阪府の本田さんに関してのみ、例外的に大学の法医学教室に血液が保存されていたが、兵庫県の末廣さんと日置さんについては、死亡前の診療記録に青酸中毒と矛盾しない症状の記載が残されていたことが、犯行の裏付けとなった。また、その他の死亡した人物については、青酸中毒を窺わせる記載がなかったために、立件が見送られたというのが実情である。

さらに、いったん事件性がないと判断した死亡事案が、じつは事件であったということになれば、各警察本部がみずからの捜査の瑕疵《かし》を認めることになる、ということも障壁となった。

私自身が一四年三月に取材を始めた当初、大阪府警担当の今野記者や兵庫県警担当の須藤記者とそれぞれ連絡を取り合った際に、双方から「捜査員は再捜査に積極的ではない」との言葉を耳にしている。そこには言外に「京都府警が余計な事案を掘り出した」との本音が込められていた。

のちに友人の紹介を得て、京都府警を担当する今池記者（仮名）を取材したところ、逮捕に至るまでの紆余《うよ》曲折を教えてくれた。

「京都府警は最初、この案件について単純な夫殺しだと捉えていました。ただ、千佐子の経歴がおかしいとして調べていくうちに、どんどん規模が大きくなってしまったのです」

筧さんの死亡から逮捕までに十一カ月を要したことにも、理由があったという。

「千佐子自身は筧さんが死亡した直後の事情聴取では、飄々《ひょうひょう》とした感じで『私はやっていません』と饒舌《じょうぜつ》に語っていました。また、ポリ（ポリグラフ＝うそ発見器）をかけたところ、完全にシロ（関与なし）という反応が出たそうです。そこで（京都）府警は、このタマ（千佐子）は絶対に自供しないだろうと判断して、徹底的に証拠固めをしたうえで、公判を維持できるよう慎重に動いたため、時間がかかったのです」

また、京都府警以外の他府県警が本格的に捜査を始めたのは、一四年三月以降のことだった。

「一月半ば頃にはすでに他府県での不審死が判明していましたが、本格的に動き始めたのは、警察庁の音頭で他府県警が協力することになった三月くらいからです。それで一気に情報が出てきました。また、その流れを後押しするように、同年夏に千佐子が処分したプランターのなかの小袋から青酸化合物が検出されたことで、逮捕につながったのです」

被害者四人の略歴と犯行の経緯

しばらくこの事件から離れていた私が、週刊誌の取材でふたたび現場に戻ったのは、四件目となる日置さん事件で彼女が起訴されたあとの、一五年十一月のことだ。

その段階で私は、親しくしている記者たちの協力を得て、千佐子の周辺で死亡した計十一人をリストアップしていた。

交際や結婚時期が重複、もしくは前後することもあるのだが、死亡時期順に並べると以下のようになる（千佐子が起訴された案件は＊で表示）。なお、判明した限りで記した年齢については、すべて死亡時のものである。

①一九九四年九月に死亡（以下同）、最初の夫である大阪府貝塚市の印刷業・矢野正一さん（仮名・54）。

②〇二年四月、交際相手である大阪府大阪市のマンション、ビル経営・北山義人さん（仮名）。

③〇五年三月、交際相手である兵庫県南あわじ市の酪農家・笹井幸則さん（仮名・68）。

④〇六年八月、二番目の夫である兵庫県西宮市の薬品販売業・宮田靖さん（仮名・69）。

⑤〇八年三月、交際相手である奈良県奈良市の元衣料品販売業・大仁田隆之さん（仮名・75）。

⑥〇八年五月、三番目の夫である大阪府松原市の農業・山口俊哉さん（仮名・75）。

⑦＊〇九年五月（青酸化合物を飲まされたのは〇七年十二月）、交際相手である兵庫県神戸市の元兵庫県職員・末廣利明さん（79）。

⑧＊一二年三月、交際相手である大阪府貝塚市の元海運業・本田正徳さん（71）。

⑨一三年五月、交際相手である大阪府堺市の造園業・木内義雄さん（仮名・68）。

⑩＊一三年九月、交際相手である兵庫県伊丹市の元内装業・日置稔さん（75）。
⑪＊一三年十二月、四番目の夫である京都府向日市の元電機メーカー勤務・筧勇夫さん（75）。

最初の夫・矢野正一さんが死亡した際、千佐子は四十七歳だった。そして一連の事件発覚の端緒となった四番目の夫・筧勇夫さんが死亡したときは六十七歳である。この二十年のあいだ、彼女はいったいどのように男たちに近づき、籠絡していったのか。

起訴された四つの事件について、遺族や知人、記者などへの取材で浮かび上がってきた、被害者の略歴と犯行の経緯は次の通りだ。


〈末廣利明さん〉

兵庫県の淡路島で生まれた末廣さんは、貨物船の乗組員などを経て、ボイラー技士として兵庫県の職員になった。妻とのあいだに息子が二人、娘が一人いて、一時期は兵庫県伊丹市に住んでいたこともあるが、途中からは故郷の淡路島に戻っていた。定年の一年前である九一年に、「有馬温泉の近くに住みたい」ということで、神戸市北区に土地を買い、妻と二人で移り住む。

定年後は九三年から兵庫県三田《さんだ》市の施設でボイラー管理の仕事を始め、〇六年まで勤め上げた。九七年五月に妻を亡くし、それからは次男と一緒に住むようになっていたが、結婚相談所を利用してお見合いを繰り返し、知り合った女性と出かけていることが、職場でも噂になっていた。

健康にはかなり気を遣っており、食品添加物や着色料の入ったものは一切食べず、家族にも食べさせなかった。また、健康食品もよく購入していた。食欲旺盛で年齢を感じさせない元気さがあり、往時には坂道を自転車の立ちこぎで上るトレーニングをしているところも目撃されている。

周囲の人間が語る末廣さんの人物像は「ものすごく純粋で、人を疑うことをしない」というもの。趣味の株式投資で得たカネを気前よく知人に貸したりもしていた。

そんな末廣さんが結婚相談所を通じて千佐子と出会ったのは〇五年夏。自分も投資をしたいという千佐子に対して、その資金を末廣さんが貸し付けるようになっていた。前年三月の取材で話を聞いた須藤記者は私に説明する。

「出会った年の秋にはすでに、末廣さんから千佐子に数十万円から数百万円の振り込みが数十回確認されています。当初は千佐子が振り込まれた額以上に〝運用益〟を加えて返済していたのですが、次第に返済が滞るようになり、借金は二年ほどで約四千万円に膨らんでいました。末廣さんから借金の返済を迫られた千佐子は、その日に返済すると約束した〇七年十二月十八日に犯行に及んだのです」

ちなみにこの借金が膨らむあいだ、千佐子は〇六年に二番目の夫となる④宮田靖さんと入籍しており、同年八月には宮田さんが死亡したことで、多額の遺産を手にしている。それでもなお、借金を返済できない状況にあったということだ。

返済当日の午後、神戸市の元町駅近くの喫茶店で、千佐子から健康食品としてわたされたカプセルを飲んだ末廣さんは、一緒に店を出て路上を歩いているときに昏倒《こんとう》した。すぐに千佐子が救急車を呼び、彼女も同乗して末廣さんは病院へ搬送されたが、低酸素脳症による高次機能障害や視力障害を起こしており、入退院を繰り返した末、約一年半後の〇九年五月五日に死亡した。その際の死因は、胃の悪性リンパ腫とされている。

〈本田正徳さん〉

広島県竹原市出身の本田さんは四人兄弟の三男。故郷を離れて大阪府内の海運会社に勤めた彼は、一年の大半を船上で過ごす外国航路の機関士だった。結婚したが子供はおらず、会社を定年退職後に、関西国際空港の周辺を見回る船に乗る仕事をしていた。やがて大阪府貝塚市の自宅マンションで〇五年十二月頃から年金生活を送っていた本田さんは、〇八年に妻と離婚。一〇年十月頃に、大阪府内の結婚相談所を通じて千佐子と知り合った。

広島県に住む本田さんの兄の一人は、私の取材に語っている。

「(一二年三月に) 正徳が死ぬ半年くらい前 (一一年九月) に、結婚するつもりじゃ言うて、うちに挨拶に来たんよ。いつするとは言うとらんかったけど、嬉《うれ》しそうじゃった。うちに来たときに『矢野』を名乗っとったあの女 (千佐子) は、病院の事務をしよると話しよった (実際には病院勤務の経歴はなし)。そのときはキレイな人やと思ったね」

退職後もスポーツクラブで身体を鍛えるなどして健康だった本田さんの性格は「とにかく責任感が強い」というもの。ギャンブルなども一切やらず、真面目に仕事一筋の生活を送ってきたという。

本田さんは一一年十二月に、千佐子に対して遺産をすべて譲りわたすという公正証書遺言を作成した。そして約三カ月後の翌一二年三月九日、千佐子と入った大阪府貝塚市の喫茶店で、健康食品としてカプセルを飲まされた彼は、近所のスポーツクラブに通うためバイクを運転中に転倒。救急車で搬送された病院で死亡した。その際には、致死性不整脈と見られる心疾患が死因とされている。本田さんの兄は言う。

「それまで健康じゃった正徳が、いきなり死んだいう連絡を受けたんよ。慌てて大阪に駆けつけたら、もう通夜の準備がされとるからって、葬儀場で待たされたんじゃ。それであとから戻ってきた遺体と対面した。その葬儀のときに、正徳の遺産の話になって、あの女が『公正証書がありますから』て、遺産を全部受け取るいう話をしたんじゃ。それでわしが、『わし（が受取人）の生命保険があるじゃろ』言うたら、あの女は平然と『それも名前を（自分に）変えてます』言うての。兄弟の一人があとで確認したら、たしかに公正証書が作られとった。たしか保険は一千万円以上あったはず。それにマンションと貯金。貯金だって独り身やったからの。けっこうあったと思う。兄弟みんな納得いかんかったけど、争いになったら面倒やろ。みんな家族もおることやし、大騒ぎすまいということで、諦めとったんじゃ。あの女からは葬儀以降、一切連絡はないな」

〈日置稔さん〉

鹿児島県日置市出身の日置さんは、タイル職人などを経て、八一年に兵庫県伊丹市の内装工事会社に入社した。そこでは営業担当として工務店からの注文を受けたり、現場に出向いて作業の監督などもやっていた。妻と息子、娘の四人家族で伊丹市内の一軒家に住む日置さんの趣味は碁で、近くの囲碁教室や碁会所にも熱心に通っており、知人によれば「おとなしくて真面目な性格」だという。

彼は九〇年に退社後、独立して自宅で内装業を始めるようになった。〇六年に妻と離婚したことで結婚相談所を利用するようになり、そこで出会った千佐子と一二年十月頃から交際するようになる。それからは一緒に旅行に行ったり、日置さんの自宅に千佐子がやってきて、泊まっていく姿が近隣の住人に目撃されている。

一見、仲睦《むつ》まじい様子の二人だが、じつはこうした最中の一三年五月には、千佐子の交際相手である大阪府堺市の⑨木内義雄さんが死亡しており、さらにいえば、その翌月である六月に彼女は、四人目の夫となる⑪筧勇夫さんと見合いをして交際を始めている。

日置さんはこの年の九月二日に、千佐子に遺産のすべてを譲るという公正証書遺言を作成。それから十八日後の九月二十日、伊丹市内のファミリーレストランで、千佐子にわたされたカプセルを飲み、同レストランの駐車場内で昏倒した。そして、救急搬送された病院で約二時間後に死亡したのである。

その際に、千佐子は医師に対して自分が妻だと説明し、実際は日置さんに子供がいるにもかかわらず、家族は自分だけだが「末期ガンなので延命治療はしなくていい」とまで口にしていた。病院には死体調査の依頼を受けた伊丹署員がやってきたが、そうした影響もあり、日置さんの死因は持病の肺ガンということで片付けられたのだ。

兵庫県警担当の須藤記者は語る。

「この事件では、日置さんの死因に不審を抱いた遺族が、伊丹署に捜査を求めたのですが、死因は病死だとして受け付けてもらえませんでした。その際に遺族は、これまで存在すら知らなかった千佐子がいきなり現れ、預貯金や株の譲渡を約束する『公正証書遺言』をちらつかせて、遺産の権利を主張していることまで訴えていましたが、担当者は耳を貸さなかったそうです」

〈筧勇夫さん〉

滋賀県長浜市で生まれた筧さんは兄一人、妹三人の五人兄妹。六一年から京都市に本社がある大手電機メーカーの社員として働き始める。下水処理施設の電気整備工事の現場を統括するなど、管理職の仕事をしていた。九四年に妻を病気で亡くし、九八年に定年退職したが、その三年後の〇一年には一人娘も亡くしている。

技術者である彼は真面目で温厚な性格で、近隣の住人によれば、京都府向日市の自宅近くにある妻子の墓の手入れを欠かさなかったという。また、ウォーキングを趣味にするなど、健康にも気を遣っていた。

京都府内の結婚相談所に登録していた筧さんは、奈良県内の結婚相談所に登録していた千佐子と、一三年六月に見合いをして交際を始めた。

二人は同年十一月一日に入籍。しかし千佐子は、自身が結婚していることは隠して大阪府内の結婚相談所に連絡を入れ、十一月中に高齢の男性二人と見合いをしていたことが、のちに判明している。

翌十二月中旬には千佐子が近隣に菓子折りを持って、結婚の挨拶に回っていた。だが、それから二週間も経《た》たない十二月二十八日の夜、筧さんは自宅で千佐子にわたされたカプセルを飲み昏倒。千佐子からの「夫が倒れて意識がなく、冷たくなっている」との一一九番通報を受け、午後九時五十分過ぎに救急隊員が駆けつけたところ、筧さんはすでに心肺停止状態で、搬送された病院で死亡が確認された。

やがて営まれた筧さんの葬儀の席で、千佐子は周囲を驚かせる言動をしていた。その様子について聞いていた京都府警担当の今池記者が口にする。

「葬儀中はずっと俯《うつむ》いていた千佐子でしたが、火葬場に向かう霊柩車《れいきゆうしや》のなかで筧さんの兄妹に向かって『あるはずの通帳や印鑑、指輪がない』と保管場所を尋ね、わからないと言われると、『見つかるまで家のなかを探すからな』と捨てぜりふまで口にしたそうです」

また、その後、千佐子は筧さんの預金を引き出そうとしたが、京都市内の信用金庫が筧さんの死について捜査が進められていることを理由に支払いを拒否したところ、一四年六月には同信用金庫に対して、遺産相続分四百二十五万円の支払いを求める訴えを京都地裁に起こしている。

事件化されなかった死亡男性たち

「青酸の入手ルートについて千佐子は、最初の夫である矢野正一さんが貝塚市で営んでいた『矢野プリント』に出入りしていた業者から、『印刷を失敗したときにこれ（青酸化合物）を使うと色を落とせるからと貰《もら》った』と供述しています。しかし、それから時間が経ちすぎていることもあり、裏付けが取れていないと聞いています」

一五年十一月に取材に入った段階で、私は大阪府警担当の今野記者からそのように聞いていた。それはつまり、九四年に死亡した最初の夫を含む、これまでに死亡したすべての男性に対して、千佐子が青酸化合物を使える立場にあったということを意味する。

そうしたことから、千佐子と交際や結婚をしていて死亡したにもかかわらず、事件にならなかった男性たちについての取材も必要だと考えていた。

そのうち、一四年三月に私が取材をした最初の夫である①矢野正一さんと、二番目の夫である④宮田靖さん、三番目の夫である⑥山口俊哉さんについては、ある程度のことがわかっている。そうなるとその他の交際相手である②北山義人さんと③笹井幸則さん、さらに⑤大仁田隆之さんと⑨木内義雄さんについての情報を集めなければならない。

だが、これらの人物については、事件化されなかったために、各府県警担当の記者にもたらされる情報は限られていた。そのため、基本的には自宅周辺での聞き込み作業が中心となる。

とはいえ、時間が経っていることと、事件の内容が知れわたったことで、取材できる範囲は限られた。また、たとえ遺族を探し出すことができても、大きな壁が立ちはだかった。

「いい年してあんな女に夢中になって恥ずかしい。もう放っておいてください」

これは、とある遺族に告げられた言葉だ。

この案件は高齢男性の恋心を利用したものであることから、遺族は複雑な心情を抱いていた。そうしたことから、ようやく辿り着いた先でも、〝身内の恥〟ということでの取材拒否が相次いだのである。

ここからは、集められた限りの情報を記しておく。

私が訪ねたとき、大阪市内の住宅地にある②北山義人さんの自宅の扉は、固く閉ざされていた。立派な庭付き一戸建てだが、誰も住んでいる気配がない。周辺の土地を多く所有していた北山さんは生活に余裕があった。だが、彼の自宅の土地登記簿を見る限りは、そこに千佐子の介入は窺えない。取材に口を閉ざす近隣の住人が多いなか、北山家を知っているという主婦が話してくれた。

「あの亡くなった義人さんは、ご養子さんなんですよ。若い頃は警察に勤めてらしてね、で、危険が伴うからって早くにやめて、大阪市内の道修町《どしょうまち》にある薬関係の会社に勤めてたんです。昭和十二年（三七年）生まれで、九州のご出身。身長は百八十センチメートルくらいあって、がっちりした体型でした。自宅の屋上でシェパードを飼っていたのが記憶に残ってます。明るい方でしたね」

その主婦によれば、妻とのあいだに一人娘がいたそうだ。

「奥さんがたしか五十代半ばで亡くなったんです。娘さんは結婚しはって家を出て、自宅の隣に住んでいました。お孫さんは三人です。義人さんは一人暮らしでしたけど、自宅への女の人（千佐子）の出入りは見てないです。義人さんは病気がちで、顔色が悪かった。でも、いますぐに亡くなるという状態ではなかったですよ。お酒好きの人でした」

北山家はもともと農家で、所有する土地を駐車場やビルにしていた。それらの管理は管理会社でやっていたそうだ。

「それで、義人さんがその女の人にマンションを買ってあげる、と。購入資金を金策してほしいと言われて、娘さんは嫌がってはったんですけど、ある土地を売って、その女の人に××公園の近くに億単位のマンションを買ったんです。マンション買うまでに、付き合って一年経つか、経たないかでした。で、マンションを買って間もなくして義人さんが亡くなったって聞いて、びっくりしたんです。死因とかは聞いてません。葬儀は、ここらへんだとふつう回覧板がまわるんですけど、回覧板はまわってこなかったですね。いまは娘さん夫婦は関東に引っ越していますー

こうした証言はあるものの、登記簿等で千佐子が本当にマンションを手に入れたかどうかは、この時点では確認できなかった。だが、それは別の章で後述するが、〝ある取材〟のなかではっきりすることになる。

一方、同じ大阪府の堺市に住んでいた⑨木内義雄さんについては、ほとんど情報が集まらなかった。わかっているのは、堺市の大型マンションに住む木内さんは、一三年五月五日に家で倒れ、搬送先の病院で翌六日に死亡したということ。この時期、千佐子は兵庫県伊丹市の⑩日置稔さんと交際しており、木内さん死亡の翌六月に⑪筧勇夫さんと見合いをしている。

続いて私が向かったのは兵庫県の淡路島である。南あわじ市の③笹井幸則さんの自宅を目指していた。千佐子が笹井さんの周辺で目撃され始めたのは〇三年のこと。②北山

義人さんが亡くなった翌年からである。

笹井さんの自宅は淡路島の中心部を走る国道二八号線から山間部に入った場所に位置する。広い敷地内に入ってすぐに牛舎があり、その先に瓦屋根の古い日本家屋と、向かいにはそれよりも新しい二階建ての家屋がある。

兵庫県の淡路島で生まれた笹井さんは長男で、下に弟二人と妹一人がいる。地元の高校を卒業後に実家の農業を継ぎ、酪農を手がけるようになった彼は、最初の妻とのあいだに娘二人を儲《もう》けるも離婚。その後、学生時代の同級生と再婚するも、数年で妻は病死してしまう。

笹井さんには年老いた母がいて、介護をしながらほぼ一人で牛七十頭あまりの世話していた。

そんな笹井さんが千佐子と出会ったのは、すでに亡くなった人物が地元でやっていた結婚相談所を通じてだった。当時の千佐子はみずから車を運転していて行動範囲が広い。笹井さんが千佐子を自分の住む集落で紹介してまわる前のことだが、彼が骨折で洲本市の病院に入院した際に、千佐子がかいがいしく世話をしている姿を目撃した人物がいる。

その後、千佐子は笹井さんの〝妻〟として、乳牛品評会や、農業共済ＯＢ会の九州旅行などにも同行する。だが実際のところは、笹井さんが亡くなった二番目の妻の年金を受け取っており、千佐子と籍を入れると受給資格がなくなるため、内縁関係を続けたようだ。その時代の千佐子を知る近隣住人は語る。

「田んぼ作業をしよっても、あの女（千佐子）は横に椅子を出して座り、ただ見よるだけで、手伝いもせんかった。先祖代々の墓の前で、平気で墓に尻を向けて座っとって、変わった人やのう思いよったわ」

やがて〇五年三月二日の朝、千佐子曰《いわ》く「私は家にいたが、幸則さんがいつまでも帰ってこないから、牛舎に様子を見にいったら倒れていた」ことから、笹井さんは南あわじ市内の病院に救急搬送され、そこで死亡が確認された。笹井さんの死因については周辺取材でははっきりとせず、近隣住人も病死という認識でしかない。

笹井さんは近くの山を所有しており、敷地の一部を道路用地として売却するなどしていたため、資産はずいぶんあったという見方をする住人が多かった。千佐子は笹井さんの四十九日までは笹井家にいたが、笹井さんの末弟が金額を決めて財産の一部を彼女にわたしたところ、それ以来姿を見せていないという。

通夜の席で遺産の話を切り出す

鹿児島県指宿《いぶすき》市を目指す私の鞄《かばん》のなかには、とある書類のコピーが入っていた。

〈遺言公正証書〉（原文ママ）と書かれたA4の紙には、次のような文言が続く（一部伏字、名前はすべて仮名）。

〈平成19年12月25日大阪法務局所属公証人××役場において、遺言者大仁田隆之は、証人××及び証人××の立会の下に、本職に対し、次のとおり遺言の趣旨を口授した。

本旨

第1条　遺言者は、遺言者が有する下記一の不動産及び二の金融機関に預託中の預貯金等を含む全ての財産を、遺言者の内縁の妻・矢野千佐子（昭和21年11月28日生）に遺贈する。

記

一、建物

所在　大阪府四条畷《しじょうなわて》市××

家屋番号　×番×

種類　居宅

構造　木造セメント瓦葺《ぶき》2階建

床面積　1階　72㎡73
　　　　2階　45㎡54
但し、次の定期借地権付き
所在　大阪府四条畷市××
地目　宅地
地積　365㎡33
賃借期間　平成16年5月27日から平成66年5月26日までの定期借地権
保証金　200万円
賃料　月額金3万8000円
二、預貯金等
××銀行　1××－1××
××銀行　××支店　0××
第2条　遺言者は、祖先の祭祀《さいし》主宰者（遺言者の葬儀・納骨・法事を含む）として前記矢野千佐子を指定する。
第3条　遺言者は、本遺言の執行者として前記矢野千佐子を指定する。　以上〉

これらに続いて、遺言者である大仁田さん、さらに証人らの署名捺印《なついん》があり、最後に公証人の署名捺印で終わる。

この公正証書遺言を作成した⑤大仁田隆之さんが死亡したのは、それから約二カ月後の〇八年（平成二十年）三月五日のことだ。死亡時に住んでいたのは、奈良県奈良市のマンションだった。

そんな大仁田さんの故郷は鹿児島県で、彼の兄弟が住んでいるとの情報を得た私は、レンタカーでひたすら県の南部を目指す。到着した自宅前で待機を続け、農作業を終えて帰ってきた大仁田さんの弟である寿史さん（仮名）に声をかけた。

「もともと兄は衣料品を扱うメンズショップをやっていて、一号店は東大阪市にありました。メンズショップはいちばん多いときで七店やってました。奈良や高槻《たかつき》とか、布施（現：東大阪市）にも二軒出してて、私も一緒にやってました」

一九三二年に男ばかり七人兄弟の次男として生まれた大仁田さんは、高校を卒業後、大阪府内の洋服店に勤めていたが、六四年頃、結婚と同時に独立してメンズショップを経営する。

「兄から『お前、仕入れせえ』と言われ、私が仕入れをしよったんです。もとは委託販売をしてましたが、やがて兄は買い取りに変えて利益率が上がりました。兄は仕事熱心で、家庭を顧みずに仕事ばかりしてました」

やがて三十数年前に寿史さんは故郷の鹿児島に戻るが、大仁田さんは大阪に残り、メンズショップの経営を続けた。

「私がこっちに帰ってきてから、しばらくして兄の奥さんが亡くなりました。あそこは息子が一人いるんですけど、お父さんがお母さんの見舞いに来ないということで、親子の仲が悪いんです。兄は仕事オンリーで、あまり見舞いに行かなかった。ただ、兄も奥さんを亡くしてから店をする気がなくなって、メンズショップを次々と閉めていった。この時期に兄は、仲間と大阪で初めてのホームセンターを作ったんですよ。だけど最初の一年間はうまくいかなかった。それで兄ともう一人が手を引いた。そうしたらその店が二年目から流行りだしたので、兄は枚方《ひらかた》（大阪府）と京都のあいだに一人でホームセンターを出しました。ところがその店がうまくいかなかった。それでメンズショップの残った店を手放して、借金を返したんです」

大仁田さんが千佐子と会ったときは、寂しくしていた時期だったのではないかと、寿史さんは推測する。

「職を持ってなくて息子と会ってなかったときです。孫も抱かせてもらえなかったと聞いた。一人ぼっちだったからね。それでダンスとか料理とかのサークルに入ってました」

寿史さんが千佐子との交際について本人から話を聞いたのは、死の一年ほど前のことだ。

「うちの次女が大阪で結婚式をしたときに、兄を招いたんです。そのときに聞いた気がします。付き合ってる女がおって、まだ籍は入れてないけど、マレーシアに行ってから籍を入れる、と。日本で結婚したら年金がカットされるでしょ。だから、マレーシアで籍を入れて向こうに住み、日本の年金で暮らすと話してました。そのためにはいまの家を売らにゃいかんと……」

〇八年三月五日、自宅で倒れていた大仁田さんを千佐子が発見し、通報したという。

「筧千佐子は『朝起きたら起きてこんもんで、二階に行ったら死んどった』と通夜の席で言いました。『それですぐに救急と警察に連絡を入れて、私は二、三時間外に出ろと言われて、調べられた』と。兄にそれまで大きな病気はなかった。ただ、そのとき筧千佐子は警察に『(大仁田さんは)心臓に難があった』と言いよったみたいですね。あと、『売りに出した家がすぐに売れたから、慌てて衣類とか整理せないかん。それで疲れたんじゃないか』とも話したようです」

大仁田さんの突然の死に、親族は不審を抱いたものの、受け入れるほかない状況だったという。

「死んだとの連絡を受けて、こっちからは兄弟三人が行きました。でも、ちょっとおかしいというのはあったんですよ。死因は急性心不全と告げられましたが、死に顔が黒ずんでたから。だから兄弟でちょっと、死に顔がおかしいなとの話はしました。いまさら言っても仕方がないことですけど、あのときになんで刑事に司法解剖をしてほしいと言わんかったかな、というのが悔やまれます」

　通夜の席で、千佐子はみずから遺産相続について切り出している。

「通夜の席で兄の遺産を全部貰う権利があるとか、そういうことを言うもんだから、どこに証拠があるのかと言ったら、十二月二十五日に公証人役場に行って、公正証書を作ってると。で、『明日持ってくる』と言いました。だけど葬儀のときに持ってこんから、なんでって聞いたら『弁護士が持っていかんでええって』、そういうことを言うんです。そういえば筧千佐子は、通夜の席で『思ったより（貯金を）持ってなかった』とも言ってましたね」

　結果的に千佐子は大仁田さんの息子と財産分与の話になったようだ。寿史さんは言う。

「こっちの親から兄が貰える分の土地とか財産の分与があるでしょ。それであるとき筧千佐子から連絡が入り、うちら兄弟を集めてくれって言われたんですよ。そこでわしは、あんたのことは奥さんと認めてないから、それはせん。あんたが勝手に集めてくれと言ったら、それから連絡はないですね。で、（大仁田さんの）息子との話し合いになった。たぶん折半だと思う。というのも、息子がうちら兄弟に兄が受け取る土地の評価を聞いてきたから。こちらはたぶん息子がその分のおカネをわたすだろうと思って、半額を伝えた。でもまあ、あとで地価が下がったから、それでちょうどよかったと思いますね」

なお、大仁田さん死亡の翌月である〇八年四月に、千佐子は〇七年から交際していた大阪府松原市の⑥山口俊哉さんと入籍し、彼は五月十七日に死亡する。さらにいえば、大仁田さんが公正証書遺言を作成した〇七年十二月二十五日の一週間前である十八日には、兵庫県神戸市の⑦末廣利明さんが、青酸化合物入りのカプセルを飲まされ、救急搬送されていた。

＊

いったいなんだ、これは。

千佐子の周囲で死亡した個々の人物の肉付けを進めていくに従って、逆に千佐子の無機質な部分が際立ってくる。通夜や葬儀の席でカネの話を持ち出せる無神経さもさることなから、男性たちとの交際時期が重複しているところに至っては、まるで一連の〝作業〟のごとく、淡々とこなしているような印象を受けた。一つの工程をこなしながら、次の工程の準備を進める。そこに血の通った感情は見出せない。

私がこれまでに取材してきた殺人事件の犯人には、殺人という重大な行為に対して、もう少し感情の起伏があった。

だが、千佐子にはそれが希薄なのだ。つまり、殺人のハードルがあまりにも低いのである。

そうした性格から漂う空気は、周囲に違和感を覚えさせるはずだ。だが、人生経験を重ね、人を見る目が養われているはずの高齢者が、次から次へと籠絡されていったのである。それは千佐子の手練手管が、群を抜いて秀でているということなのだろうか。

私はその疑問を解き明かすために、彼女が頻繁に利用していた、〝ある場所〟へと向かうことにした。

第三章　出会いの裏側

年収一千万円以上、歳は九十でもいい

大阪市内の雑居ビルの一室に、その事務所はあった。事前にアポイントメントを入れたうえで訪ねたところ、所長の川端清隆さん（仮名）が応対してくれた。

この「川端マリッジ相談所（仮名＝以下、川端マリッジ）」は、千佐子が実際に利用していた結婚相談所である。彼女は逮捕されるまでに、関西一円の二十カ所以上の結婚相談所に登録をしていた。そうして高齢男性の交際相手を探していたのだ。川端所長は話す。

「事件で話題になった筧千佐子さんがうちで登録したのはたしか平成十七年（二〇〇五年）ですわ。名前は矢野千佐子でした。登録に際しては学校の卒業証明書を確認してから、四月に書類（身上書）を書いてもらった。ただ、彼女が最初にうちに来たのは、その数年前なんです。そのときは入会金やらの必要な費用だけを気前よくポーンと置いていきました。彼女によれば、破産申請がかかってるから数年間は対外的に動けないと。費用を預かったままの状態で、写真やらデータは（登録者として）上げないでほしいと言われてたんです。もしいい人がいたら個人的に紹介してくれと。それで、やっと大丈夫になった言うてきたから、正式に登録したんです」

千佐子が夫の跡を継いでいた「矢野プリント」を倒産させたのは〇一年頃。もし彼女の話が本当であるのなら、破産管財人が入って財産を管理されることになるため、その前に手持ちの現金を、将来への投資として処分していた可能性がある。最初に「川端マリッジ」を訪ねた際に、千佐子が置いていった金額は十万円だった。

「入会金は五万円、それに月会費が五千円かける六カ月で三万円ですね。あと、登録料として二万円の計十万円を最初に預かることにしています。登録のときの相手への希望条件は、まず年収一千万円以上。歳はなんぼでもいい。八十から九十でも構わんと。それで別に健康でなくてもいい、と。なんせおカネへの執着がすごかったですからね。初婚も再婚も離婚も死別も構わない。あと、財布はダンナではなく自分に任せなさいと。だからこれで人物像が出ますよね。病気持ってても私が治してあげるとか、一人者で気楽な人やったら、うちがちゃんとしてあげるって言ってました」

「川端マリッジ」の扉を叩《たた》く前に、千佐子は多くの結婚相談所を渡り歩いていた。

「うちにやってきたときも、同じ大阪で結婚相談所をやっとった『クロス結婚相談所（仮名）』からの紹介でした。この世界は通常、紹介とかはあまりしないんですけど、うちがいい（男性）会員を持ってたからね。それでクロスの担当者に袖の下をわたして紹介を頼んだんちゃうかな。千佐子さんはそれまでに、あらゆる仲人さん（相談所）を渡り歩いてきてるんですよ。彼女のほうがもう、役者は上でした。あらゆるところへ行ってるから、僕がなにか言うと、なに言ってんのって、僕を蔑《ないがし》ろにするような感じでしたよ」

当時、千佐子は川端所長に対して「知り合いの病院で医療事務をしている」と説明していた。だが、のちにはっきりするが、そのような実態はない。川端所長は千佐子の手慣れた様子について語る。

「それでねえ、彼女は男を上手に騙すタイプです。そら上手に写真屋で撮ってまっせ。最初は写真なしでね、身上書だけで相手を探してくれだったんです。でも、写真がないと向こうから来ないよと言ったら、どんどん写りの良い写真を持ってき始めたんですわ」

千佐子は知り合いに会うことを警戒してか、「川端マリッジ」に自分の写真を持参するときには、事務所の入るビルの下に川端所長を呼び出しては、最低限の用件だけを伝えて去っていたという。

「見合い写真を入れ替えてほしいとか、ボチボチいい人を紹介してというときは、伊勢の赤福とか『とらや』のようかん持ってきてね、私に下でお土産をわたしては、『はいこれ写真』とかそういう具合です。『ちょっと用事あるから、またいい人おったらお願い』って帰ってた。事務所に来ると誰がおるかわからんからね。会う時間はいつも短時間でサッと。そういう点では最初から警戒してたんでしょうね」

そんな千佐子だが、それなりの魅力があり、訴求力も高かった。

「年齢より若く色が白いです。そんなにデブではなし、やせてはないし、男としてはなんらかの魅力がある。なにしろその話術にみな翻弄されるでしょうね。男を取り込む会話のトーンがいいし、テンポがいい。テキパキとして、自分の用件をちゃちゃっと伝えるテクニックを持ってますからね。賢かったですね。愛想はいい。それでスニーカー履いてさっささっさ歩く。今回の事件がこれだけ大きくなったのは、そんだけ彼女の実力が発揮できたいうことじゃないですか。おたくらでも百人おったら九十五人は騙されるでしょうな。話題が豊富やもん。それでパッパッと言う。読みがあるから、一つの会話に絞るんやなくて、こっちもあっちもと話をしながら、自分の望むほうに誘導するんですよ」

実際に千佐子も「川端マリッジ」を通じて見合いをしていた。

「梅田の××ホテルで一回、相手を紹介しました。だけど彼がすぐに、これは自分のタイプじゃないいうて、交際に至らなかったんです。その男性は東京大学を出てましたからね。元商社マンだった。七歳上の男性で、病気を持ってたから、（千佐子の）意図することでしたね。彼女は電話したら即来てね、資料も見ずに見合いを決めましたわ。ふつうはどんな顔してるか気にして、写真を見るもんなんですけどね、それもなかった。まず一千万以上の収入ありきですよ。彼の場合は会社の役員してるから、二千万ありましたからね。ただ、やっぱりそんな人だから、人を見る目がある。彼は十五分くらいで、『あ、あらあかん』と。それで交際もなにもなかったから良かったんです。『あら気いつけなあかんど』と、帰ってからすぐに言ってました」

この見合いに向かう道すがら、千佐子は川端所長に対して、マルチ商法を勧めている。

「その前から化粧品とか健康食品のマルチの話はあったんです。四回目か五回目に（見合い用）写真の入れ替えの話をしてきたときに、執拗《しつよう》に迫ってきてね、『川端さん、まだ考え変わらんの？』みたいに押してくる。で、見合いのために××ホテルに一緒に向かってたら、そこでもマルチを勧めてきて『百万円出したら幹部になれるから』と。ただし、『百万だと幹部でも普通の幹部だから、二百万出しなさい』ときましたわ。『二百万なんて、そんなカネありませんわ』と断りましたけどね。そのときに彼女は、マルチについての電話番号とか名前とか言うたんですけどね、メモしようとしたらパーッと手で払われて、書かしてくれなかった。それでまあ自分は入るつもりないからいいか、と。なぜか、こちらがメモを取ろうとすると彼女は怒るんです。それで何気なく聞いてたんで憶えてない」

川端所長が残していた記録によれば、千佐子は筧さんと同棲している時期にも、見合い相手を探して事務所を訪ねていた。

「自分から寝床が上手だと話してました。それしたら男が公正証書でもなんでも書くからって。僕にも誘い文句はけっこう来ましたよ。『一泊くらいお付き合いするよ』とか、『私は高いところは困るけど、安いところだったら私が出すから』とか。きっと、僕の人脈が欲しかったんやと思いますね」

仲人女性から見た千佐子の印象

続いて私が向かったのは、奈良県天理市だった。そこで結婚相談所をやっていた女性が、千佐子と筧勇夫さんの見合いを仲介したとの情報を得たからだ。

すでに結婚相談所の看板を下ろしている篠崎美佐子さん（仮名）は、玄関先での立ち話に応じてくれた。

「たしかあの方が見えたのは平成二十年（〇八年）のことです。うちの姉が大阪で三十何年か結婚相談所をやってるんですが、そこからの紹介で、矢野千佐子さんの名前で登録しました。職業は無職で子供が二人いるとの話で、若いときは銀行員だったと聞きました。相手の希望は年収三百万円以上で、子供はいないほうがいいというのと、歳については少し離れていても構わないということでした」

〇八年といえば、奈良県奈良市の大仁田隆之さんと大阪府松原市の山口俊哉さんが死亡した年で、千佐子は大阪府堺市の賃貸マンションに住んでいた時期だ。私が篠崎さんに、千佐子になにか怪しいと感じるところはなかったか質問したところ、彼女はとんでもないという様子で首を横に振った。

「いやいや、こちらは本当に相手のことを信用してますからね。見抜けませんよ。見たところ感じのいい方でしたし、まさかあんなことになるとは思ってもいませんでしたから。うちに登録したなかでは、歳はいってるほうでしたけど、派手なこともなかったですし、清潔な感じでした」

千佐子が篠崎さんのところにやってきたのは最初の一度だけで、あとは電話でのやり取りだったそうだ。

「そのときの移動手段は電車でしたね。私が車で天理駅まで迎えに行きました。うちは入会金がなく、お見合い一回につき一万円の手数料と、成婚した場合には三十万円をいただくことになってます。こちらから、こういうプロフィールの男性がいると紹介して、それを見てお見合いをしたいと思った相手と会うという段取りでした。彼女の場合、うちを通じてのお見合いは四回で、大阪のキタにあるホテルで二回、ミナミのホテルで一回、あと京都駅のそばのホテルで一回です。当時、彼女は大阪の堺に住んでまして、お見合いはすべて一人で行ってます。それで、お見合いの翌日に仲人どうしで連絡を取り合い、互いの感触を伝えるのですが、なかには彼女から断ることもありました。お見合いに関しては、十年しても決まらない人もいれば、すぐに決まる人もいます。人それぞれなんです」

篠崎さんを通じた見合いで、千佐子が最後に会ったのが筧さんだった。

「筧さんとのお見合いは、たしか亡くなった年（一三年）の六月末です。筧さんは京都の結婚相談所に登録していました。それで京都駅近くの××ホテルで見合いをしています。それで見合いから三、四カ月経った十月半ばに向こうの仲人さんから電話があり、『（結婚を）決めたようです』との連絡をいただきました。それで私は矢野（千佐子）さんに電話を入れて、『（筧さんが結婚を）決めたと連絡ありましたよ』とお伝えして、十二月中旬に成婚したんです（入籍は十一月一日）」

篠崎さんによれば、成婚による報酬三十万円を千佐子は振り込んできたという。

「矢野さんはうちのほかにも何カ所か（結婚相談所に）登録していたみたいで、成婚後もまだ登録中で相手を探しているとの情報が出ているものがあったため、彼女に連絡して（登録が）残っているところがあると教えた記憶があります」

そんななか、筧さんが死亡した翌月に千佐子から篠崎さんに電話があった。

「彼女から電話で、『主人が昨年末に病気で亡くなりました』と連絡があったんです。まだ結婚したばかりだったでしょ。それで驚いたんですね。で、私が『いやー、（結婚の）お祝い送ったのに』と思わず口にしたら、彼女はちょっとキツい口調で『なら、送り返すわ』と言い返してきました。なんでそんなことを言うのかわからなかったんですけど、こういうときだから無理もないかと思って、そのままにしていました」

私が「それで、千佐子さんは実際にお祝いを送り返してきたんですか？」と尋ねたところ、「いや、送ってきませんでした」との答えが返ってきた。そして、「そういえば……」となにかを思い出したように篠崎さんは続ける。

「その電話のときに、彼女が私にいきなり『警察来た？』と訊《き》いてきたんです。警察とかは来てませんでしたからね。『いや、来てないですよ』と答えました。まさか事件だとは考えないじゃないですか。筧さんの歳も歳やし、突然に亡くなることもあると思ってました」

私が、どんな些細なことでもいいので、千佐子の発言で記憶していることはないかと問いかけたところ……。

「たしか娘さんが高校の教師をやっていると話してましたね。あと、一度だけ、『息子が孫を連れて帰ってきても、息子の妻が私に孫を膝の上に抱かさせてくれへんねん』と愚痴をこぼしていました。会話で憶えているのはそれくらいです」

千佐子との見合いで不信感を持った男性

「はい、もしもし……」

電話に出た相手は橋田晴彦さん（仮名）。千佐子と実際に見合いをした男性である。現在八十代の彼は、和歌山県の郡部で製材業の仕事をしている。

「仲人さんから、あの人（千佐子）が筧さんいう人と結婚したけど、ご主人が亡くなったいうことを聞いてました。うちには警察の人が見合いのときの話を聞かせてほしいとやってきましたわ。まさか人を殺しとるなんて、微塵も思っとりませんでした」

橋田さんにとって、初めての見合い相手が千佐子だった。

「最初は和歌山市内の料理屋で会いました。そんときに、大阪の堺に住んどるいうことを聞きました。あと、娘さんが教師をやっとるいう話と、最初の婿さんが死んだときに、数千万円の借金を抱えたいう話をしてました。だいたい一時間半から二時間一緒にいましたわ。それで次の約束をしたんです」

その際、千佐子が積極的に二回目のデートを誘ってきたそうだ。

「二回目に待ち合わせたんは堺の駅でした。向こうが車を運転して迎えにきて、ドライブしたんです。車は白いセダンやったような気がしますわ。そんときは、天皇の墓やいう場所を案内してもらいました。はきはきした人で、あそこ行こ、ここ行ことあっちが決めてました」

千佐子が橋田さんを案内したのは仁徳天皇陵だった。二人はその近くのレストランに入ったという。彼がそこまで話したところで、私は質問を挟んだ。

「ところで、橋田さんは千佐子と会ったときに、収入についてはどのように説明してたんですか？」

「年金と、製材所で働いてるから給料があるいうことは言いましたわ。それでな、レストランに入ってから、向こうが妙なことを言い出したんですわ。これまで大阪の人と兵庫の人と二回結婚して死別したという話をして、そんなふうにダンナさんが亡くなっているから、『いつ世間に放り出されるかわからへん』と。それで、『私、あなたと一緒になったあとで、もし一人になったらどうしたらいい？』と聞いてくるんです。それはつまり、僕が死んだあとで、自分の将来がどうなるかいう質問ですよね。なんでまだ二回しか会うてない相手に、そんなこと聞いてくるんかなと思いました」

千佐子の発言に不信感を抱いた橋田さんは、仲人に対して千佐子との交際を断る旨の連絡を入れたのだった。橋田さんは言う。

「あとで事件のことを聞いて、あんとき交際を思い留まってよかった思いましたね。もしあの人と続いとったら、僕が殺されとったかもしれません。ほんまに危なかったですわ」

〝撒き餌〟となった身上書

千佐子が初めて結婚相談所に登録をしたのは一九九八年だとされる。その後、彼女は一三年まで十五年間にわたって結婚相談所を利用したが、そこで数多の高齢男性と知り合うための〝撒き餌《まえ》〟となったのが、彼女自身が記載した身上書だった。

これまでの取材で、私は千佐子が複数の結婚相談所に対して書いた身上書の写しを入手した。そこには妻との死別や離婚、さらに子供の独立などで、孤独な老後を送る高齢男性に焦点を絞った〝惹句《じゃっく》〟が至るところに見られる。

また、当時の千佐子の年齢によっても、内容に多少の変化が現れている。もちろん、各結婚相談所によってフォーマットは異なるのだが、その比較ができるように、可能な限り時代別に並べていきたい。なお、生年月日や住所地、最終学歴などの基本情報は省き、身長や視力、免許の有無といった重複する情報は初出を除き、変化があった場合のみ記載する。

〈五十七歳時＝〇四年作成〉
　氏名　矢野千佐子
　両親との続柄　長女
　婚歴　再婚　死別
　宗教　本人＝浄土真宗、親＝浄土真言《ママ》
　子供　有　扶養義務　無
　身長　１５４cm　体重　55kg
　血液型　Ａ型
　視力　右１・０　左１・０
　嗜好　酒＝少々　タバコ＝吸わない
　自動車免許　有
　趣味　料理、ガーデニング、旅行、スポーツ観戦
　技術・資格　自動車免許

相手希望　誠実で心やさしい方、生活の安定力のある方
自己ＰＲ　明るく、前向きでプラス志向、思いやりと相手へ尽くすこと
家族紹介　父＝死亡、母＝死亡、長男＝会社員、長女＝教師

〈五十八歳時＝〇五年作成①〉
●自己紹介欄
出生地　福岡県（＊実際は異なる）
宗教　本人＝浄土真宗、親＝浄土宗
職歴　前職　就職・離職年月＝Ｓ40年４月～Ｓ44年３月、勤務先名＝××銀行（＊実名）、所在地　北九州支店、業務＝銀行業務
現在の住居　借家
婚歴　死別、結婚年月＝昭和44年10月、死亡年月＝平成６年９月、病名＝心臓
健康状態　普通
嗜好　賭事＝しない
父方　原籍（父の出生地）＝佐賀県武雄市
母方　原籍（母の出生地）＝山口県光市

●相手への希望
婚歴　不問
収入　１０００万円くらい
年齢　Ｓ19年生〜Ｓ７年生
学歴　不問
地域　近畿
共働き　不問
宗教　創価学会等はダメ
結婚後の（同居）状況　不問
人柄　心の広いやさしく誠実な方
●まだ見ぬ人へのメッセージ
第二の人生に夢ふくらませてます。私の性格は明るくプラス志向で寛容でやさしいです。相手の方への思いやりと尽くすことが私の心意気です。健康管理と明るい家庭が妻のつとめと思います。

〈五十八歳時＝〇五年作成②アンケートカードより〉

・お相手への希望を記入して下さい
年齢　60～73歳
身長　160cm～
年収　1000万円以上
職業　特に指定なし
婚歴　初婚＝可、離別＝可、死別＝可
子供　可
・あなたの結婚観について（＊三つの例文から選択する方式）
夫の仕事について　仕事と家庭の両立をするよう努力する
妻の仕事について　結婚後は家庭をしっかり守って仕事はしない
妻は夫の仕事について　意見を求められた場合のみ言う
家事・掃除等は　妻にまかせる
夫婦のサイフのひもは　夫婦で共同管理するのがよい
・性格に関するアンケート（＊三つの例文から選択する方式）
①好きな食べ物は　（＊洋食、和食の選択肢より）好き嫌いはあまりない
②ロマン派？　それとも現実派？　どちらともいえない

③生き方、仕事に対して　やや前向き
④大安、仏滅、ジンクスについて　気にしない
⑤もの事の考え方について　（＊古風、現代風の選択肢より）どちらともいえない
⑥金銭感覚について　どちらかというと倹約型
⑦話し好きですか？　人と話し《ママ》をするのが好き
⑧周りの人に対して　合わせる事が多い
⑨人前では　（＊目立ちたがり、控え目の選択肢より）どちらともいえない
⑩家庭的ですか？　大変家庭的である
⑪社交的ですか？　どちらかというと社交的である
⑫細かい事によく気が付く？　気が付くほうである
⑬我慢強いですか？　我慢強いほうである
⑭せっかちですか？　どちらともいえない
⑮感激しやすいタイプ？　比較的冷静である
⑯負けずぎらいですか？　そうでもない
⑰芯は強いですか？　そう強くはない
⑱服装は　（＊派手好み、地味好みの選択肢より）どちらともいえない

⑲家事・掃除をするのは　ふつう

⑳子供は好き？（自分の子供以外）　ふつう

・興味に関するアンケート（＊非常に興味ある＝◎、多少興味ある＝○、あまり興味がない＝△、きらい＝×で選択する）

野球＝◎、サッカー＝◎、テニス＝△、スキー・スケート＝×、バレー・バスケットボール＝△、ゴルフ＝○、水泳＝×、相撲＝○、マリンスポーツ＝△、登山・ハイキング＝△、自然（海・山・川等）＝◎、ボウリング＝△、ドライブ・車＝◎、キャンプ＝△、旅行・温泉＝◎、競輪・競馬＝×、麻雀＝×、宝くじ＝○、魚つり＝△、お料理＝◎、食べ歩き＝◎、ショッピング＝○、ファッション（おしゃれ）＝○、占い・運勢・姓名判断＝△、楽器演奏＝×、音楽鑑賞＝○、カラオケ＝○、民謡＝△、映画・演劇＝◎、カメラ・写真＝○、テレビをみる＝○、お祭り＝△、工作（手芸等含）＝△、書道＝△、お茶・お花＝◎、洋裁・和裁＝△、英会話（外国語会話）＝○、絵画・彫刻＝○、コレクション＝△、古美術鑑賞＝○、神社・仏閣＝◎、読書＝○、俳句・短歌・詩＝◎、園芸・植木・花＝◎、健康＝◎、禅・ヨガ＝◎、ダンス・日本舞踊＝△、ペット・動物＝◎、コンピュータ＝○、ワープロ＝○、インターネット＝○

〈五十八歳時＝〇五年作成③別途希望条項アンケートより〉
＊年齢や身長、性格等から優先する順位を本人が指定する形式
〈相手の方への希望欄〉
　優先順位一位　居住地＝近畿地方。大阪、奈良、京都、兵庫
優先順位一位　性格＝活動的、明朗、温和、誠実（＊十の選択肢より選択する方式）
優先順位二位　年収　生活の安定した方（＊××万円とある部分への記載）
優先順位三位　年齢　60歳～73歳
優先順位四位　健康　普通
　なお、優先順位では選択されていないが、相手の方への希望欄で千佐子は、〈転勤〉については「ない人」、〈共働き〉については「望まない」を選択。また、自分自身の〈性格〉については「家庭的」「明朗」「温和」「誠実」を、十ある選択肢のなかから選択している。

〈六十歳時＝〇七年作成〉

氏名　ちさ子
婚歴　再婚一回（＊兵庫県西宮市の宮田靖さんが死亡した翌年に記載）
宗教　本人＝浄土真宗、親＝浄土真宗
会社名　病院（＊勤務実態はなし）
業種　医療（＊同前）
職種　契約社員、事務（＊同前）
身長　１５６cm
体重　54kg
趣味　料理、ガーデニング、旅行、スポーツ観戦
相手希望　誠実で心の優しい方、生活に安定力のある方
自己ＰＲ　明るく前向きで、思いやりで相手に尽くします
特記事項　大変家庭的でよく気が付き、料理上手です。人情ある倹約家。（評）

〈六十四歳時＝一一年作成〉
氏名　花代
婚歴　再婚一回（＊宮田靖さんに続いて、大阪府松原市の山口俊哉さんとも再婚し

ている。山口さんは〇八年五月に死亡)
宗教　本人　浄土真宗、親　浄土宗
会社名　〇〇センター(＊勤務実態はなし)
職種　事務員(＊同前)
身長　１５６cm
体重　48kg
趣味　料理、読書、旅行、ガーデニング、スポーツ観戦、ドライブ、寺社仏閣
相手希望　生活に安定力が有り、誠実で物事の考えが前向きの方
自己ＰＲ　明るく家庭的、相手を大切に、思いやりと尽くすのが私の心情。身軽です。会話が好きです。
特記事項　好感の持てる、優しい性格の女性です。明るい家庭生活を過ごせると確信いたします。(評)

この身上書では、家族構成欄に、千佐子の兄として昭和十六年(四一年)生まれで北九州市に居住する既婚者の男性がいることを記載(＊他の身上書への記載はなし)。兄の職業は「会社員」で、最終学歴は「大学卒業」とある。

また、これまでに取り上げた身上書には、それぞれスタジオで撮影されたと思しき写真が添付されており、純白のワンピースや、襟元に花のコサージュをつけた漆黒の上着を着る千佐子の微笑む姿が写っている。

犯行の引き金は「反逆精神」ではないか

千佐子が罪を問われた一連の犯行についての起訴がすべて終わった一五年十一月の某日、私は面会を試みようと、彼女の身柄が置かれている京都拘置所を訪ねた。

しかし、面会申込書を提出した拘置所内の受付窓口から返ってきた言葉は、「ああ、この人には接見禁止がついてますわ」というものだった。

殺人などの重大事件の場合、接見禁止処分がついているときは、面会ができないだけでなく、ほぼすべてのケースで手紙の受領禁止処分も付されている。

それらの処分はたいてい初公判をもって解かれるのだが、まだこの段階では、いつになるのかわからなかった。

殺人であるため裁判員裁判であることに加え、被害者が四人もいるとなると、公判前整理手続が始まるまでに、かなりの期間を要することが想像される。

この時点で私は、新たに取材した内容を加えて、千佐子が関わった事件について、週刊誌で二週にわたって記事を執筆した。そこでは彼女の犯行動機について、次のような内容を記した。

〈六五年四月から都市銀行の北九州市にある支店で銀行事務の仕事に就いていた千佐子は、六九年に友人と行った鹿児島への旅行中に、同じく旅行中だった矢野さんと出会い、遠距離交際を始める。同年三月に勤め先をやめた彼女は、十月に彼と結婚して大阪府貝塚市に移り住む。当時は双方の両親から結婚を反対されたが、「あの年頃だから、反対されればされるほど盛り上がった」と、のちに彼女は知人に語っている。

結婚当初、矢野さんは実兄が経営する運送会社に勤めていたが、やがてTシャツなどにアニメのキャラクターをプリントする『矢野プリント』を立ち上げた。千佐子は矢野さんの実家である本家との折り合いが悪く、対立するばかりか、所構わず悪口を吹聴《ふいちょう》していた。そのため「気の強い嫁さん」として周囲では知られる存在だった。

分家の嫁として虐げられたと思い込んだことで、プライドの高い千佐子が抱いた〝ルサンチマン（弱者による強者への憎悪）〟ともいえる感情は、かつて銀行員だった経歴を持つ彼女を投資に走らせた。千佐子は九〇年頃から、先物取引などの金融商品に手を出すようになり、当初は数百万円の利益を上げたこともあった。しかしのちにＦＸ（外国為替証拠金取引）など投機性の高い金融商品ばかりに投資し続けた結果、多いときで数千万円の借金を背負うようになったのである。

そして、もともと病気がちだった矢野さんは、九四年九月に五十四歳で亡くなる。彼の死亡前から千佐子は工場の運営資金として、夫の親族などから借金を重ねていたが、経営はうまくいかず、〇一年に廃業。彼女は貝塚市から姿を消すのである。

千佐子は廃業の前から、複数の結婚相談所を通じて交際相手を探していた。そして、交際相手が亡くなり遺産を手にすると、すぐに次の相手との交際を繰り返すようになる。そこでも彼女の投資熱は冷めることなく、損をしては遺産で補い、さらにはふたたび投資に回すという悪循環に陥ったことで、犯行の間隔は徐々に狭まっていく。そのため交際や結婚の期間が重複することまで起き、ついには事件発覚に至ったのである。

捜査員は千佐子が最初の結婚をしていた時期の経験が、その後の犯行動機になったのではないかと見ている。千佐子自身も「とにかくカネには苦労した」と口にしており、取り調べのなかで「大金を稼いで見返したかった」と供述している。つまりこの事件は、最初の結婚生活で千佐子のなかにめばえた反逆精神が引き起こしたものではないか〉

こうした記事を執筆するなかで、千佐子に直接尋ねたいことがいくつもあった。すでに前章で記したことだが、彼女の機械的ともいえる犯行の正体がなんであるか、本人の口を通して知りたかったのだ。

私はこれまでに数多く、殺人事件の裁判を傍聴してきた。そのなかで、近年の裁判の傾向として、被告人がなぜ犯行に至ったのかということについての踏み込みが、浅くなっていることを感じている。かつては被告人の生育歴を辿り、生活環境を詳《つまび》らかにしていきながら、その流れを総合的にひもといていくような裁判が数多く開かれていたのだが、最近は断片としての犯行事実のみを争う場となり、犯行の背景については、さほど重要視されていないとの印象を抱くようになった。

とくにそれは、裁判員裁判が実施されるようになってから、顕著になったように思う。犯行について〝どうした〟はあっても、〝どうして〟が欠けているのだ。いや、誤解を招かないよう正確にいえば、〝どうして〟はあっても、内容が薄いのだ。

もちろん、これらの変化の裏には、被告人のプライバシーに対する配慮があるのだろう。だが、それはつまり、裁判だけでは事件の全容がわからないということを意味する。

そうしたこともあり、周辺への取材のみならず、当事者から直接話を聞きたかったのだ。だが、いまは待つほか道はない。私は新たな情報についての網を張りつつも、ふたたび現場を離れ、裁判の開始を待つことにした。

第四章　殺害後の音声データ

初公判で流された、一一九番通報の音声

晴れわたる青空のもと、道を挟んで京都御所に面した重厚な建物の前は、ふだんの閑静な雰囲気とは異なり、人波で溢《あふ》れていた。

二〇一七年六月二十六日の朝のことだ。ここ、京都地裁には五十八枚交付される傍聴券の抽選券を求めて、六百人以上が集まった。これから開かれるのは〈事件番号：平成26年（わ）第1589号外　事件名：殺人、強盗殺人未遂〉という裁判。

筧千佐子の初公判である。この裁判は、同年十一月七日に予定される判決までに、百三十五日の審理期間を要し、裁判員制度が始まって以来、二番目に長いものとなる。

同地裁でいちばん広い第一〇一号法廷で、午前十時三十分から開かれる裁判を傍聴するためには、午前九時から九時三十分までに配布される抽選券を受け取り、午前十時の抽選結果発表を待たなければならない。のちの発表によれば、六百十四人が抽選券の配布を受けたという。約十・五倍の倍率である。

私も抽選券を受け取る列に並んだが、結果は残念ながらハズレだった。そこで、法廷前廊下の出入口そばに張りつき、休憩のため外に出てきた傍聴人から様子を伺うことにした。すると、運良く友人が法廷に入っているという男性と知り合い、彼らが途中で入

れ替わる予定であったため、そのたびに双方から話を聞かせてもらうことの承諾を得た。

法廷に姿を現した千佐子の服装は、右前に黄と赤の柄が入った紫色のTシャツに紺色の膝丈ズボン。髪は短く白髪交じりで、頬はたるみ、テレビでやたらと流れた囲み取材の映像よりも老けた感じだった。また、耳が悪いということで、ヘッドホンを着用している。

傍聴席から見て正面の裁判官席の中央には中川綾子裁判長が座り、右陪席の御山真理子裁判官が向かって左手に、左陪席の岩城光裁判官が右手に座る。裁判員は、女性が五人で男性が一人だった。それに五人の補充裁判員が加わっている。三人の検察官は傍聴席から見て左側で、五人の弁護人は右側。千佐子は弁護人側の裁判官席寄りに座り、裁判長の指揮で証言台に移動することになる。傍聴した男性は言う。

「裁判長からの人定質問で、名前と生年月日は言えたんですけど、本籍地を問われて、(京都府)向日市までは言えるけど、あとは『手元になにも置いてないんで』と口にして、そこから先を思い出せないようでした。それから、罪状認否の場面では、弁護人が千佐子に紙をわたし、彼女が『すべて弁護士に任せています』と読み上げただけです」

今回の裁判では、長い審理期間で裁判員の記憶が薄れることを防ぐため、まず四事件の全体像を示す総括冒頭陳述を設け、その後、各事件ごとに個別の冒頭陳述を行うことになっていた。

そのため午前中の全体冒頭陳述では、検察側がまず筧勇夫さん、続いて本田正徳さん、末廣利明さん、日置稔さんの起訴順で、千佐子との関係、事件発生前の状況、事件の発生状況、事件発生後の状況、死因・異変原因について読み上げた。

なお、その際に検察側は千佐子との関係として、筧さんについては「夫」、本田さんと日置さんについては「内縁の夫」としたが、末廣さんについては「知人」としている。

その場で初めて詳らかにされたことを挙げると、殺人罪を問われた被害者三人については、死亡から間もなく千佐子が、金庫を開錠業者に開けさせていたということ。筧さんは二日後、本田さんは翌日、日置さんは四日後にそれぞれ実行されている。

また、千佐子の身上経歴の読み上げに際しては、犯行の時系列順に、末廣さん事件については借金四千万円の返済を免れる目的があったこと、本田さん事件においては千七百万円以上、日置さん事件では千五百万円以上を取得していたことを説明。筧さん事件では口座を凍結されていたため、保険金二百七十万円の取得にとどまったことを明かしている。

一方の弁護側は、全体冒頭陳述で四事件すべてにおいて無罪を主張。四人の被害者が本当に青酸を飲まされて亡くなったり、体調を崩したりしたのか大きな疑問があるとし、被告（千佐子）が四人について死んでほしい、死んで構わないと考えたことはないとした。

さらに被告の責任能力と訴訟能力にも言及。事件当時は認知症のため、善悪を判断したり、自分の行動をコントロールすることができる状態ではなく、裁判においても認知症のために自分の言い分をきちんと述べたり、いろんな人の話を正しく理解したり、自分の権利を行使したりすることができないと訴えた。

そのうえで弁護側は、刑事裁判のルールとして、「有罪か無罪かは、法廷に提出された証拠だけに基づいて判断する」という証拠裁判主義があること、「被告人が有罪であることは、検察官が証拠に基づいて明らかにすべきことであり、検察官が有罪であることを証明できない場合には、無罪の判断を行う」という立証責任と無罪推定の原則を強調。また、「常識に従って判断し、有罪とすることについて疑問があるときは、無罪としなければならない」との「疑わしきは被告人の利益に」とする証明基準を裁判員に対して念押しした。

それらに加え、弁護側は検察官が死刑を求刑する可能性があることに触れて、「死刑は日本国憲法に違反する刑罰である」と記した書面を裁判員に配っている。

午前中の審理は十一時三十八分に終わり、午後一時十五分から再開されることになった。傍聴した男性は話す。

「裁判中は淡々とした表情で、ときおり口元に手をやったりしてましたけど、休廷になったとき、千佐子は弁護士となにか喋って、笑ったりもしてました。あと、手錠をかけられて法廷を出ていく前には、男と女の刑務官がついてたんですけど、その二人にも彼女はなにか話しかけてました」

午後の法廷では、筧さん事件についての審理が始まった。

検察側が冒頭陳述で事件の総論と各論を朗読したのだが、そのなかでは、筧さんと一三年十一月一日に入籍した千佐子が、同年十二月には別の男性と結婚相談所の紹介で見合いをして、交際を開始していたことが明らかにされた。

犯行当日の十二月二十八日については、午後三時頃に自宅ベランダで、筧さんが隣人と会話をしていたことが判明。犯行後、千佐子が自宅から一一九番通報をしたのは午後九時四十七分で、午後九時五十三分には救急隊が到着。筧さんは心肺停止状態で、救急搬送されるも蘇生《そせい》せず、午後十時五十二分に死亡が確認されている。千佐子はその八分後の午後十一時に葬儀会社に電話をしていた。

さらに、十二月三十日には開錠業者を呼んで、筧さん宅の金庫を開錠。翌一四年一月以降は、筧さんの八千万円以上あった遺産の取得を図り、複数の銀行等に出向いて相続関係書類を提出。相続手続費用が必要とのことで融資の申し込みを行い（審査の結果、融資は得られず）、相続資金受取口座を開設した。また、相続手続を弁護士にも依頼している。しかし、六月に二百七十万円の養老保険金を得たのみで、銀行預金等は口座が凍結されて取得することができなかった。

この午後の審理で最もインパクトがあったのは、冒頭陳述に続く証拠調べのなかで、千佐子が一一九番通報した際の音声データが残されており、それが法廷で流されたことだった。そのやり取りを以下に記す。

千佐子「こちら、あのー、えーっと……、えーっと……。ごめんなさい、いいですか」

消防（「どうしました？」と話を促す）

千佐子「京都府向日市××町の筧勇夫の家です。（筧さんは）二階に……。パソコンの仕事とかしていまして、九時半に起こしてくれというので、お風呂から上がって二階に起こしに行ったら倒れているんです」

消防（「どのような状況ですか？」と具体的な内容を問いかける）

千佐子「倒れているんです。冷たいんです。生ぬるいというか、あったかい。手で触ったんですけれども、息をしていないように思います」
消防「年齢は？」
千佐子「七十五です」
消防（心臓マッサージをするように促す）
千佐子「仰向けです。すべっているような感じでね……」
消防（再度マッサージを促す）
千佐子「わたし的にはね、冷たいというんですか……」
消防「（マッサージは）できますか？」

このやり取りの音声を傍聴した男性は、のちに私に語る。

「いやあ、（千佐子の）電話での声がすごく落ち着いとるんですよ。まるで他人事《ひとごと》のような感じ。ふつう救急に電話したら、もっと慌てるはずやし、そんなふうに話さんやろと思いながら聞いてました」

法廷では、音声データの公開に続いて、現場に臨場した救急隊員への証人尋問が行われた。そこで検察官から「筧さんの奥さん（千佐子）の様子で印象に残っていたことは？」と尋ねられた救急隊員は「落ち着いておられました」と答えている。

私は傍聴していた男性たちの好意で、この証人尋問の途中から裁判を傍聴し、初めて千佐子本人を直《じか》に目にした。

救急隊員は、千佐子が自分に対して「(筧さんは)とくに大きな病気はない」と説明したと証言。また、倒れていた筧さんについては、「(一一九番通報の)二、三分前に見つけた」と聞かされたことを口にした。

弁護人の背後に座り、ヘッドホンをつけた状態でそのやり取りを見ている千佐子は、腕組みをしたり、ときおり手を口元に持っていくが、それ以外はずっと無表情だった。

初公判は午後三時十五分に閉廷した。刑務官に手錠をつけられた千佐子は、退廷する直前にいったん立ち止まり、傍聴人席に頭を深々と下げて、扉の向こうに去っていった。

夫の殺害当日、交際相手に四度電話をかける

翌二十七日の、〈第二回公判〉の傍聴券を得るための抽選もハズレだった。そのため、公判を傍聴した人物等への独自取材をもとにした公判内容を記すことにする。なお、以後の公判についても、私自身が傍聴できなかったものについては、同様の取材結果であることをお断りしておく。

この日は、筧さんが死亡した日の昼間にベランダ越しに会話した女性の、証人尋問と

証拠調べが午前中に行われ、午後には鑑定を実施した京都府警科捜研の職員二人の証人尋問が行われた。

証人の女性は、筧さんがベランダに干していた布団を取り入れている場面に遭遇。彼女は「二時か二時半には布団を入れないと冷たくなると言いました。時間は午後三時くらいでした」と証言している。また、筧さんが死亡した翌日には千佐子と話をしており、「餅をついて夕方食事をして、（筧さんは）二階でパソコンをして、風呂に入る時間になったけれども下りてこなかったので、二階に上がったら倒れていた」との説明を受けていた。さらに、翌年一月十日頃には千佐子から「二人きりの生活で自分が毒を飲ませたら、自分が犯人だとわかる。いくらおカネを貰ってもそんなことはしない」との話を聞かされている。

続く証拠調べでは、千佐子が十二月二十八日午後九時四十七分に一一九番通報する前の、自宅からの架電記録を検察側が公開した。これによって午後八時四分、八時七分、八時十九分、九時三十分の四回にわたって、千佐子が結婚相談所で出会って交際中の吉田誠仁さん（仮名）に電話をかけていたことが明らかにされた。

午後の証人尋問では、二人の科捜研職員が筧さんの心臓血及び胃の内容物から、致死量を超えたシアン化合物（青酸化合物）が検出されたことを証言。心臓血は一三年十二月三十日に、胃の内容物は一四年一月一日に鑑定が行われ、一四年夏には人工胃酸のなかに、風邪《かぜ》薬などで使われるカプセルを入れて、溶ける時間を計測する実験も行われていた。

六月二十九日に開かれた〈第三回公判〉では、筧さんの太ももの血液（大腿《だいたい》静脈血）からシアン化合物イオンを検出した科捜研の職員と、司法解剖に携わった京都大学大学院法医学講座准教授、さらに和歌山県立医科大学教授への証人尋問が行われた。

二番目に証人として出廷した京都大学准教授は、筧さんの死因を判断した理由について「直前までご飯を食べて元気だったこと、心筋梗塞や脳出血などの病気はなかったこと、外傷もなかったこと、その一方で血液中から致死濃度の青酸が検出されたことからして、青酸中毒死と判断した」と証言している。

さらに同准教授は、筧さんの胃のなかの一部に固形のままのシアンの塊があり、口や食道にびらんがなかったことに触れ、シアンがそのままの状態で口から入ったのではなく、カプセルを使用して胃のなかで溶けたと考えられることに言及した。

その証言を補完するように、三番目に証人として出廷した和歌山県立医科大教授は、致死量のシアン化合物というのはカプセルに入る量なのかを問われ、「致死量に達するのは耳かき一杯程度と言われている。カプセルには十分収まる量だ」と答えている。

一方の弁護側は、筧さんの胃のなかのびらんが、ストレスによる胃潰瘍や他の薬物による可能性がないか質問したが、写真で残されたびらんの状況をもとに、それらについては証人から否定された。

筧さんと千佐子が交わした熱烈メール

六月三十日の〈第四回公判〉では、日本国内で唯一シアンの製造・販売をしている日本曹達《そーだ》大阪支店化学品グループ主幹、さらに筧さんの勤めていた電機メーカーに勤務する社員への証人尋問が行われた。そこでは一般的にシアンの入手がいかに困難であるか、さらに筧さんが携わっていた業務は、シアンとの接点がまったくないとの証言がなされた。

この日の公判で意表を突かれたのは、筧さんと千佐子が交わしたメールが公開されたことだ。文面から二人の交際の進展状況が手に取るようにわかるが、この期間に千佐子が別の男性との見合いを重ねていたことに想像を及ぼすと、甘い言葉の裏にある意味を考えさせられる。メールの文面は次の通り（すべて原文ママ）。

一三年（以下同）六月二十九日、午後八時二十三分　筧さん↓千佐子（抜粋）

〈本日はお忙しいところ、お見合いにきていただき、ありがとうございました。大変有意義な一日でした。次回お会いできる日をお待ちしています。よろしく。寛〉

六月二十九日、午後八時三十二分　千佐子↓寛さん
〈こちらこそありがとう。楽しいひとときでした。次回お会いできる日を楽しみにしています〉

七月八日、午前十一時三十分　寛さん↓千佐子（抜粋）
〈矢野さん（＊千佐子）の財産は一切あてにしていません。自分には貯財はありますが、借金は一切ありません。断片的な表現ではなく、具体的な表現で教えてください〉

七月八日、午前十一時三十九分　千佐子↓寛さん
〈こんにちは。メールの趣旨、よく分かります。今週、梅田あたりでお昼しませんか。メールの件も気軽にお話できますし。固い深い話にならずお会いしましょう。金曜あたりはいかがでしょうか〉

八月四日、午後八時五分　千佐子↓筧さん
〈楽しい二日間でした。ありがとう。会えば会うほどあなたのことが好きになります。真面目で正直で思いやりがあり、物事をちゃんと分かっていて、すべて信頼できる人です。別れた彼女もバカじゃないから、見抜いていたと思います。それを利用して甘い汁を吸って出ていったのです。正義感の強い私は許せません。男はべっぴんには弱いから。済んだことは忘れましょう。二人で楽しい新婚生活をしましょう。また行きます〉
＊ここに出てくる「別れた彼女」とは、筧さんが千佐子と出会う前に同棲していた相手。

八月十七日、午後八時五十分　筧さん↓千佐子
〈遠路来宅申し訳ない。遅くなると夜道が危ない。くれぐれも気をつけて。結論は、結婚の約束を裏切らない、裏切られないで人生の最後を過ごしたいと思います。あなたを幸せにするように一生懸命尽くしたい気持ちでいっぱいです。遊び半分で付き合っていません。もしこの件についてご賛同いただけないなら、兄弟に伝える前

に言ってください。もし兄弟に話をしたあとに裏切られたら、縁を切られ、この世を去ることになります。大変勝手ですが、これほど苦しい気持ちはありません。旅行日程が決まったらメールします。堺でも梅田でもあなたの都合の良いところに行きます。今後ともよきお付き合いを。おやすみ。筧〉

八月十八日、午前七時二十分　千佐子→筧さん

〈おはよう。昨日はありがとう。勇夫さんの愛と信頼に、あなたのもとにいく気持ち、揺るぎないものになりました。私のような愚女を選んでもらいありがとう。これからは二人で幸せを見いだしていきましょう。愚女ですが、よろしゅうにお願いします〉

九月十三日、午後六時六分　筧さん→千佐子

〈こんばんは。今日も暑い一日ですが、元気で頑張っておりますか。実は市役所に行き、婚姻届と戸籍謄本を受け取ってきました。誰が結婚するのかと聞かれ、大変恥ずかしく、回答に苦慮。困惑しつつも私と答えました。婚姻届は今度また来られたときにお見せします。連休には台風が襲来、十分お気をつけて〉

九月十三日、午後七時四十六分　千佐子↓筧さん
〈恥ずかしい気持ち、よく分かります。私も同感です。今後会うとき、楽しみです〉

九月三十日、午前十時三十一分　筧さん↓千佐子
〈いま婚活会社にＴＥＬしました。本日をもって成婚手続きに入ります。本日中に成婚料を振り込んでくださいとのこと。自分はいまから振り込みに行きます。今後とも手を取り合って、お互い暮らしていけること、よろしくお願いします〉

十月七日、午後六時三十六分　筧さん↓千佐子
〈大変お騒がせ、すみません。社長から成婚後、退会して婚約取りやめになった事例があると聞き、筧さんは問題ないかと聞かれ、兄弟への紹介が残っていると話したが、兄弟に婚約の承諾を取り付けるのは大切だが、二人のことは二人で責任を取り、兄弟に迷惑をかけず、女性の話を十分聞き入れ、届け出を出してから兄弟と話してもおかしくないとサジェスチョンをいただいた。今度来宅時、市役所に行く日

程を決めたいと思い、ＴＥＬしてしまいました。いまでなくても良いのに慌てて電話してしまい、人心を惑わせ申し訳ありません。今後は気持ちを抑えて、十分考えてＴＥＬいたします〉

十月八日、午前六時四十七分　千佐子↓筧さん

〈昨夜のメールの内容、しっかり承りました。日本国の法律では、成人したら誰の許可なしに自由に結婚できます。兄弟に経済援助を受けるなどの事情があれば、話すべきでしょうが、親の許可なしでも健全な身体と経済的に自立していれば、自由に結婚できます。兄弟の呪縛から解放されて、二人で楽しく生きていきましょう。私はどこまでもついていきます。愛する夫さまへ〉

十月八日、午前七時四十二分　筧さん↓千佐子（抜粋）

〈本当にありがとう。あえて火中の栗を拾っていただける千さん（＊千佐子）を大切に、今後の人生を過ごしたい。私は何もなく、何もできないが、２人で楽しく元気に過ごせるよう神仏に誓います。今日は気分が爽快〉

十一月十七日、午後三時五十六分　筧さん↓千佐子

〈きょうから四日間、バトルだ。早い三日だ。別れがつらい。妻よ、風邪ひくな。よその人に目をくらますな、いいな。これからはお互い死ぬまで骨まで愛し、添い遂げる覚悟だ。お互いに頑張ろう。家に着いたらＴＥＬくれ。明日からメールで会いましょう。次回会える日までは。夫より〉

十一月十七日、午後四時四十七分　千佐子↓筧さん

〈強烈に熱いメールありがとう。死ぬまで一生添い遂げます。愛されてる幸せをかみしめています。こちらこそよろしくお願いします〉

十一月二十四日、午後六時三十三分　筧さん↓千佐子

〈遠路帰宅ご苦労さん。本当に楽しい日々、いつもご無理申し、すみません。母さんと過ごすことがうれしい。お互い頑張って、人生永らえて楽しく嘘《うそ》のない生活をお願いしたい。母さん、寂しいが頑張る。きょうも良い夢を見て寝たい。帰宅まではメールで会いましょう。主〉

十一月二十四日、午後六時三十九分　千佐子↓寛さん
〈うれしいメールありがとう。私も同じ気持ちです。これからも二人で楽しい人生を送りましょう、頼りがいのある心優しい勇夫さんに出会えて、私は幸せものです。ありがとう〉

十二月四日、午前八時二十五分　千佐子↓寛さん
〈おはよう。うれしいメール、ありがとう。明日は遅くなります。十九日、次々回にそちらに完全移動に決めました。それまでやらないといけないことが多々あります。十九日が完全移動の日と決めましたので、それまでは理解と我慢をしてください〉

十二月四日、午後四時四十六分　寛さん↓千佐子
〈母さんも、引っ越し作業で無理をせず、身体と相談をして風邪をこじらせるなよ。頑張って健康。母さん、明日メールで。よろしく〉

十二月十九日、午前七時十七分　寛さん↓千佐子

〈おはよう。母さん、ご苦労さん。きょうは時雨。少し温かい。母さん、今日でメールの交換、最終回になるのかな。お互いに頑張ったな。ともに健康で、これからも楽しい人生を過ごして生きたい。明るい老後に向けて頑張ろう。よろしく頼む。主〉

十二月十九日、午後〇時三十二分　千佐子↓筧さん
〈ごめんなさい。十三時十五分ごろになりそうです。昼ご飯済ませてください。謝々〉

事件当日の不可解な行動

〈第五回公判〉は七月四日に開かれた。この日は午前中に筧さんの妹への証人尋問が行われ、午後には筧さんのかかりつけ医と、青酸化合物の付着していた小袋が発見されたプランターを引き取った、便利屋業の男性への証人尋問が行われた。
そのなかで、筧さんが長年かかりつけにしている病院の医師は、筧さんが死亡する当日に千佐子が医院を訪れ、筧さんに関する〝虚偽の症状〟を訴えたことを証言した。
同医師によれば、一三年十二月二十八日の午前十時頃に、まず筧さんが一人で同医院

に副鼻腔炎（蓄膿症《ちくのう》）の治療薬を受け取りに来た。その後、午前十一時半前に、千佐子が一人で訪ねてきたという。検察官になんの用事で千佐子がやってきたのか尋ねられた医師は説明する。

「僕に話があるということでした。二十八日の一週間前、二十一日頃に、突然勇夫さんが下あごと首に激痛を伴ったと。七転八倒するような痛みで、一時間ほど嘔吐《おうと》し、少し楽になったようだということでした。翌日の日曜日は一日休んで、月曜日頃から治って復帰したと話していました」

だが、医師はその話を千佐子が現れる前に受診した覚さんからは聞いていなかった。医師は証言を続ける。

「これはあり得ないと思ったので、勇夫さん本人に電話をしました。自宅の固定電話にかけると勇夫さんが出ました。このとき、僕が受話器を持ったまま奥さんを見ながら、『そんなに具合が悪かったんですか』と話すと『一切そんなことはありません。またそんなことを言っているんですか。早く帰るようにお伝えください』と言っていました」

医師の証言に対し、検察官が「被告にはなんと言いました？」と尋ねたところ……。

「（千佐子に）その通りの話をすると、僕に『なにか起こったときにはどうするんや、暮れになって正月になるが、なにか大きなことが起きたらどうしたらいいんや』と何度も僕に問い、憤慨して帰っていきました」

証言台に立つ医師に向かって、裁判員の女性が「なぜそんなことを被告が言ったのだと思いますか？」と質問している。それに対して医師は答えた。

「想像に過ぎないですが、この事件が発覚し、青酸の反応が発覚する前振りだったかと思う。だから、やろうと思っていて、前振りで言ったのではないかと想像します」

カプセルの詰め替え作業に習熟していた

七月六日に開かれた〈第六回公判〉では、証人尋問が続いた。最初に証言をしたのは千佐子が処分に出したプランターから、青酸化合物の付着した小袋を発見した京都府警警察官。続いてその小袋の鑑定を行った科捜研の職員。さらに千佐子の堺市内にあるマンションでカプセルなどを押収した京都府警警察官。そしてカプセルに毒物を詰め込む実験に立ち会った大阪府警警察官である。

そのなかで、三番目の証人として立った、京都府警警察官の証言には興味深い情報が含まれていた。同警察官は大阪府堺市の千佐子が住んでいた娘名義のマンションで、一四年一月五日に空カプセルを、十一月二十日にビニール製小袋を押収している。そのうち一月に押収したカプセルについて、次のように証言したのだ。

「一月の捜索では空カプセルを押収しました。透明なものと白色のものがありました。被告の説明では栄養補助食品の中身を取り除いたものだと言っていました。商品名は『××（実名）』という会社が出している『△△（実名）』というものです。この商品はダイニングテーブルの上に置いてあり、六個のカプセルが入った袋が十枚ほどありました。被告の説明では自身が購入しているもので、これらの中身を取り除いているということでした」

ここで警察官が挙げた「××」との会社名が、マルチ商法で化粧品や健康食品を扱っていることで知られる会社だったのである。かつて私が大阪市内の結婚相談所「川端マリッジ」を取材した際に、川端所長が千佐子からマルチ商法への加入をしきりと勧められていたとの話を聞いていた。同所長は会社名までは記憶していなかったが、すぐにその関連が頭に浮かんだ。

法廷では女性裁判員が証人の警察官に対し、「一月にカプセルを押収した際、被告はそのカプセルを何に使っていると言っていましたか?」と質問している。そこでは、「ニンニクエキスを作って飲むのに使っていると言っていました」との答えが返ってきた。

また、四番目に登場した大阪府警警察官が証言した、カプセル詰め替え実験の様子も具体的で真に迫るものだった。そもそもこの実験は、千佐子が取り調べのなかで、被害者を殺害するにあたり、毒入りカプセルを作ったとの供述があったことから行われたそうだ。

一五年二月に行われた再現実験は、市販のカプセルと、実際に犯行に使用したと千佐子が証言した（健康食品の）「△△」のカプセルに、市販の風邪薬の粉末を入れておき、アジシオを青酸化合物に見立てて、彼女が詰め替えるというもの。最初の市販のカプセルを使った実験について警察官は次のように証言した。

「詰め替えはできました。被告は下に新聞紙を敷き、その上におわんを持っていってカプセルを分解し、中身をおわんの中に入れた。被告はシオの瓶を取って、ふたを開けておわんの中に入れた。耳かきを使ってシオをすくい取り、そのまま混ぜるというものです。混ぜたものは手に取ったカプセルの中に耳かきを使って入れ、ふたをしました」

この作業にかかったのは約二十分ほどで、千佐子が中身をこぼすことは一切なかった。

続いて、「△△」のカプセルを使った実験では、カプセルを分解する際に接着面があったため、彼女はつまようじを使用して、前者と同じく詰め替え作業をこなしたという。

これらのやり取りに続き、弁護側からの質問が行われた。そこで弁護人が「毒の量について被告はなにか説明をしていましたか？」と尋ねたところ、警察官は「何グラムとかそういう話はありませんでした。耳かきで毒をすくう量は、一かきか二かき分をすくうと言っていました」と回答している。

夫の死亡後、開錠業者を「特急で」手配

翌日の七月七日に開かれた〈第七回公判〉では、筧さんが死亡後に千佐子が呼んだ開錠業者と、筧さんとの結婚後に千佐子が見合いをした相手への証人尋問が行われた。

この開錠業者への尋問の前には、千佐子が開錠業者に電話をかけた際の音声データが流された。金庫の開錠を依頼する千佐子だが、自宅住所を尋ねられ、地名まではすんなり出たが、その先の枝番までは憶えておらず、住所が書かれているものを探したのか、少し間をあけて枝番を口にした。それから彼女は次のようなやり取りをする。

業者「一戸建て？　名前、連絡先は？」
千佐子「はい。筧千佐子。電話は０９０－３９××－６２××」
業者「金庫は筧さんの？」
千佐子「家に来てくれる？　早く来られへん？　早急に。別料金払うから。特急で。おカネ払いたい」

業者「少しお待ちください」
千佐子「待ちますよ。電話」
業者「いや、一度切って……」

証人の開錠業者によれば、向日市の筧宅へ到着したのは一三年十二月三十日の午後五時三十分頃。金庫が置かれていたのは、二階の和室にある机の上で、手提げ式で黒に近い灰色の金庫は、ダイヤルとカギを使うものだった。そこで千佐子は「カギはあるが、ダイヤルがわからない」と業者に説明している。

業者はその際の千佐子の様子について、「『とにかく急いでいるから』ということでした。『壊してもいいので開けてほしい』ということでした」と法廷で証言した。

続いて検察側は筧さんの遺産総額と、千佐子が相続できた遺産について説明。遺産は定期預金や国債など合わせて八千百十六万八千二百五十二円あり、そのうち千佐子が相続できたのは養老保険の二百七十万六千七百二十七円で、相続日は一四年六月十一日だった。

交際男性「良い女性でした」

午後の法廷には、筧さんと結婚している千佐子と一三年十二月十五日に見合いをした、兵庫県神戸市の吉田誠仁さんが証人として出廷した。税理士で不動産管理業をやっている吉田さんは出廷時八十一歳。妻を一二年十一月に亡くしていた。吉田さんには長男と次男がおり、それぞれ結婚して孫もいる。ちなみに見合いの際、千佐子は「筧」姓だったが、彼女を紹介する釣書には「矢野」姓が書かれ、本人も矢野千佐子を名乗っていた。

以下、法廷での証人尋問を抜粋する。

検察官「千佐子さんとの交際について、初めてお見合いをしたのは？」

吉田さん「大阪駅の南の『ホテル××』十九階で。私のほうの仲人と矢野千佐子と三人でした」

検察官「何をしましたか？」

吉田さん「喫茶店で一時間ぐらい話をしました。それから仲人には帰ってもらい、二人で十九階で食事をしました」

検察官「その日はどうしました？」

吉田さん「えっ……、ある意味これはいけるという感触だったので、電話番号とメールの交換をして別れました」

検察官「今後も付き合いを続けたいと？」
吉田さん「そういうことですね」
検察官「最初の印象は？」
吉田さん「非常に良かったです」
検察官「今後も会いたいと？」
吉田さん「そうです」
検察官「千佐子さんとどうしようと思いました？」
吉田さん「一緒に生活してほしいと。籍は入れません」
検察官「どこで暮らそうと？」
吉田さん「私の家です」
検察官「その思いを伝えました？」
吉田さん「伝えました」
検察官「千佐子さんの反応は？」
吉田さん「ＯＫだったと思う」
検察官「メールや携帯で連絡を取り合ったんですか？　次はどうしました？」
吉田さん「十二月二十五日のクリスマスの日、大阪で会いました」

検察官「どこに行きました？」
吉田さん「喫茶店で話し、近くの回転寿司屋で食事をしました。大阪駅の北側の施設をぶらぶらして、今後のことについて話をしました」
検察官「それ以降は会いました？」
吉田さん「年明けの一月四日、神戸の三宮で会いました」
検察官「何をしました？」
吉田さん「近くの生田神社に初詣に出かけました。それから私の自宅に来てもらいました」
検察官「一緒に暮らすという話をしました？　カギはわたしましたか？」
吉田さん「わたしたのはその次の一月十七日です」
検察官「確認ですが、会ったのは平成二十五年（一三年）十二月十五日、二十五日、平成二十六年（一四年）一月四日、十七日ということでいいですか？　間違いはありますか？」
吉田さん「ありません」

ここで検察官が日程を再確認したのは、千佐子が筧さんの死亡日を挟んで、平然と吉田さんと会っていたということを印象付ける意図が窺える。

検察官「その後、交際はどうなりました?」
吉田さん「十七日を最後に会い、カギをわたしました。それから二、三日後、一月二十日ぐらいに京都府警の警察官がぜひ会いたいと言ってきました。僕は『会う必要はない』と言いましたが、なにがなんでも会いたいと。『矢野千佐子と付き合っているでしょう』と電話で言われました」

そして吉田さんは京都府警の捜査員と直接会い、事件の内容は言えないが、刑事事件として京都府警が動いていることを知らされる。

検察官「警察の方から言われたことは?」
吉田さん「不本意でしたが、『別れてください』と言われました。『府警のことを言わずに断ってください』と言われました。しんどかったですが、だいぶ考えて断りました」
検察官「別れるときには千佐子さんになんと言いました?」

吉田さん「メールでまず送りました。内容は……そうですねぇ、いろいろ考えたけれども、二人で生活を続けていく自信がなくなったと。たぶんそういうことだったでしょう」
検察官「返事は？」
吉田さん「あったと思います。即了解いただいたと思う。一週間ぐらいしてポストにカギが入っていた。『ああ、来てくれたんだな』と。ピンポンぐらい押せばいいのにな、と思いました」
検察官「それから連絡を取ったことは？」
吉田さん「ありません」

その後、弁護人や裁判員、裁判官による質問が続く。裁判官が「千佐子さんは良い女性だったという話でした。なにが良かったですか？」と尋ねると、吉田さんは答えた。

「男と女ですから、それぞれ好みがありますから。しかし、どう答えて良いかわからないですが、良い女性でした」

証人尋問が行われているあいだ、千佐子は落ち着きがなく、手を口元に当てたり、腕組みをしたりした。そして尋問終了後に法廷を出る吉田さんが扉の前で頭を下げると、千佐子も頭を下げたのだった。

　これまで千佐子が法廷で言葉を発したのは、初日の人定質問と、すべて弁護士に任せているとの書面を読んだ罪状認否だけだ。だが、この三日後と五日後に開かれる第八回と第九回の公判では、被告人質問が予定されている。そこで彼女が初めて、みずからの言葉で事件についてどう語るのか、注目が集まった。

第五章　饒舌な被告人

〝囲み取材〟以降初めて事件を語る

その日、千佐子は紺色のTシャツに、灰色に縦縞の入った膝丈のズボンを穿き、一礼をして法廷に姿を現した。刑務官に手錠と腰縄を外される際には、自発的に両手を前に差し出す。

七月十日の〈第八回公判〉は、千佐子に対する被告人質問が行われた。前年三月の記者たちによる路上での〝囲み取材〟以降に初めて、彼女がみずから事件について語る場である。そこではまず、ヘッドホンをつけて証言台に座る千佐子に対し、弁護人が質問を繰り出した。

弁護人「被告人質問の手続き、質問について、あなたはどうされますか？」

千佐子「私？　お答えします。先生、私に質問しはるんでしょ？」

千佐子ははっきりとした声で答えた。だが、弁護人の意図した答えではなかったようで、言い方を変えて質問が繰り返される。

弁護人「検察官からの質問についてどうしますか？」
千佐子「黙秘します」
弁護人「裁判所からも質問があります。どうしますか？」
千佐子「黙秘します」
弁護人「裁判員、一般市民の人からの質問はどうしますか？」
千佐子「黙秘します」

弁護人は千佐子にどんな質問でも黙秘するか念を押す。すると千佐子は「黙秘します」との言葉を返した。

続いて検察官の質問に移った。千佐子の取り調べにも当たっていた検察官である。

検察官「ヘッドホン、聞こえますか？」
千佐子「よう聞こえます。聞こえすぎるぐらい」
検察官「体調はどうですか？」
千佐子「元気です」
検察官「私のこと、憶えてる？」

千佐子「先生のこと忘れていたら、別の病院に行かなあかんわ」

千佐子のあまりにあけすけな物言いに、傍聴席から失笑が漏れる。

検察官「この裁判はあなたが筧勇夫さんを殺害したかどうかの裁判であることはわかっていますか？」
千佐子「はい」
検察官「勇夫さんに毒を飲ませ、殺害したのは間違いないですか？」
千佐子「間違いないです」
検察官「弁護士さんが一回目の裁判で『やっていない』と言っていたけど、間違いないいんですか？」
千佐子「はい」
検察官「裁判官たちの前で殺人について認めるんですか？」
千佐子「先生に認めたわけでしょう。認めないということ、おかしいんやないの」

先ほどまで弁護人の問いに「黙秘します」と発言していたにもかかわらず、千佐子がいきなり殺害を認めたことで、傍聴席の前列にいた記者たちの一部が一斉に法廷の外に出ていく。

なぜ事件を起こしたのか

検察官「殺人罪は重い刑になることはわかっていますか？」
千佐子「はい。わかっています」
検察官「勇夫さんへのいまの気持ちはどう？」
千佐子「申し訳なかったのが五十パーセント。やっぱり彼に対して不信感、腹立たしい気持ちが五十パーセント。それは複雑です」
検察官「なぜ事件を起こしたの？」
千佐子「腹立たしい気持ち。差別という言葉があるでしょう。（中略）私は彼に差別されたという気持ちが大きい。私の前に付き合っていた彼女と私にしたことはまるで違う。女の世界。男にはわからないだろうけど。腹立たしい、これがいちばん大きい」
検察官「勇夫さんの前の……」
千佐子「お付き合いしていた人」

検察官「扱いが違うと思ってきたの？」
千佐子「いっぱいある。私はおカネを貰っていない。前の人には一千万、二千万をわたしていたのに……」
検察官「前の人はおカネをわたされていたの？」
千佐子「勇夫さんから聞いた。『あんたにはわたさん』と、はっきり言われた」

千佐子の口調ははっきりしており、立て板に水のように早口でまくしたてる。続いて千佐子は最初の結婚のときに、夫婦で「矢野プリント」を経営していたことに触れ、事業に失敗したことを語る。

千佐子「バブルの頃だったので調子が良かったけれど、バブルがはじけて仕事がバーンと減った。借金して設備投資もしていたけど、借金がそのまま残った。最終的に自己破産して……。設備投資をしていたから、給料を払わなあかんという私のプライドがあったから、やめれば良かったんやけど。二重三重の失敗ですよ」
検察官「どこからおカネを借りたの？」
千佐子「大阪府中小企業信用保証協会（当時）とか、中小企業におカネを貸すところに借りた。それができなくなって自己破産した」
検察官「自己破産した？」
千佐子「そうそう。家も取られました」
検察官「ヤミ金には？」
千佐子「これも手をつけました。もちろん」
検察官「投資は？」
千佐子「投資するおカネ、ないやないですか。給料払わなあかん」
検察官「先物取引は？」
千佐子「おカネがあるときは手を染めました」
検察官「おカネがないことが続いたの？」
千佐子「……私の人生、おカネのない人生しかないですからね」
検察官「勇夫さんを殺害し、おカネはどうなると思った？」
千佐子「私は贅沢《ぜいたく》をしたいわけではない。潤う。借金が返せると」
その後、千佐子はふたたび自分が筧さんに差別を受けたという話を繰り返す。

毒の入手先と、飲ませた方法

検察官「毒は誰から手に入れたもの?」
千佐子「業者。材料屋さん。プリントするために材料屋さんが出入りしていたから」
検察官「出入り業者?」
千佐子「この人たちがいろんな材料を提供してくれた。これはキツイ薬で、私たちは安いTシャツの仕事もあれば、ブランドものの商品もある。この薬は『高いけど、使ったら色が取れる』ということで、『これは毒やから奥さん、誰にも内緒のところに隠しておいてよ』と言われた。そのとき、ほかして(処分して)おいたら良かった。それを大事に置いておいたやつ。子供の手に触れないように」
検察官「毒としての効き目があることは知っていました?」
千佐子「知っていた」

千佐子はわたされたものが毒ということはわかるが、その名前は憶えておらず、青酸だったのではと問われても知らないと繰り返す。

検察官「毒をどのように飲ませた？」
千佐子「……騙して飲ませた。これ毒薬やで言うたら飲まんでしょ、アホでもない限り。嫌なことは忘れていくし、どうやってわたしたかはまるで憶えていません」
検察官「健康食品と言って飲ませたことは？」
千佐子「思い出しません。毒と言って飲ませた記憶はない。そうやったら誰も飲まない」
検察官「毒は裸のままの状態？」
千佐子「それはおかしいでしょう。カプセル。あれに入れて飲ませたと思う。今日初めてじゃないですからね。前にも言ってる」
やがて検察官に筧さんが倒れた状況について尋ねられ、場所は自宅の二階でほかに誰もいなかったと千佐子は答えた。
検察官「午後九時四十七分に一一九番通報したようですが、どのタイミングで飲ませたのかわからないですか？」
千佐子「わからないんですけど、想像してくださいよ。食事とかおやつとか、いちいち紙に書き込まないです。日常茶飯事のことは記憶に留《とど》めるとか、書いておくという意識はないです。言ったらいいかげんな返事しかできない」
検察官「毒を入れたカプセルは?」
千佐子「たぶん私のことやから、『△△』やったと思います。市販のものを買うよりはね。おカネがもったいないから」

それから千佐子はみずから認知症であることを主張し、自分が憶えていないことを何度も聞かれる裁判のやり方についての不満を口にしてから、次のように言い放った。

「私は素人。こういう性格やから、全部包み隠さず、ここにマスコミもいるやろうけど、私のことも下世話な週刊誌に書かれるんでしょう。私は死んだ人間やけど、子や孫もいる。また同じことを書かれると思うと、いま薬を飲ませてくれれば喜んで死んでいく。私はいいけど、子や孫がいる。私は申し訳なくて。それがいちばんつらいです」

ここで裁判長が「これまで何度も話したことでしょうけど、ここで調べた証拠だけで罪は認定されます」と割り込んだ。すると千佐子は、「私はすでにいっぱい知ってはると思った。週刊誌、新聞に載ると思ったら子や孫に申し訳ない」と口にしたため、裁判長が「つらいでしょうけれど、記憶の限り話してくださいね」といたわりの言葉をかける。

「ハハハ、自分、毒飲ませても人間ですわ」

やがて休廷を挟み、ふたたび検察官による質問が始まった。

検察官「取り調べでは全部話したというけれども、記憶の通り正直に話しました？」
千佐子「話しました」
検察官「本当はやっていないのに嘘を自白したりとかは？」
千佐子「ないです」
検察官「取り調べのときに、憶えていないことを話したことは？」
千佐子「聞かれたことはちゃんと言ったつもり。嘘も言ってません」
検察官「調書は話した内容でしたか？」
千佐子「私は老人性痴呆《ちほう》症で……。一週間前のことも思い出せないです」

ここで検察官が書類を証言台の脇の台に載せると、モニターに「私筧千佐子は夫筧勇夫を殺した事を認めます」と書かれた文面が映し出される。

検察官「平成二十六年（一四年）十二月六日付の『自供書』の指印はあなたのもの？」
千佐子「はい」
その後、午後に開かれた法廷では、裁判員と裁判官による質問が行われた。
裁判員「勇夫さんとの結婚は、おカネが目的ではなかったですか？」
千佐子「それはないですね。『あなた、おカネ持っています？』とか聞いたりしない。暮らしぶりで借金に追われて大変そうとかはわかる。選んだいちばんの理由は、一人暮らしで奥さん、子どもがないこと。選んだ第一の理由はそれです」
続いて左陪席の裁判官が質問する。
裁判官「言いたくないことは言わないということですが……」
千佐子「それは。そういう権利、あるんですよね」

裁判官「毒を飲ませたあと、倒れたところは見ていましたか？」
千佐子「見ていたと思う。ほったらかしにしていない。ちゃんと自分で責任を取ろうと思っていた。私が犯人とわかっているから。ハハハ、自分、毒飲ませても人間ですわ。こう見えても救急車を呼びたいという気持ちになった」
裁判官「すぐに通報しましたか？」
千佐子「すぐですね。一、二時間も待ってたら、プロだからわかりますやん。そこは犬とか猫やなくて人やから。えらいことしたという気持ちになりました」
裁判官「毒を飲ませれば死ぬということは知っていましたか？」
千佐子「知ってます。小学生の子供でも知っているでしょう。毒を飲めば死ぬって」

ここで千佐子はふたたび午前に説明した自分が工場をやっていたこと、そこへ出入り業者が来て青酸をわたされた経緯を話し出す。

裁判官「業者は染料の会社ですか？」
千佐子「そう。社名は憶えていない。自分の子の名前も忘れてきている」

裁判官「毒はどうやって保管してました？」
千佐子「保管しないと。ポンと置いて、ふっと使われたらえらいことになる。誰にもわからんところに置きました。保管という言葉はちょっと違う。隠しておく。瓶に入っている。これぐらいの。そのなかにちょこっと入っているぐらい」
瓶の大きさについて、千佐子は指で三、四センチの隙間を作って見せた。
裁判官「そのなかに入っていたものは？」
千佐子「憶えてない。粉末やったかなぁ。自分の中で嫌なこと、忘れ去りたいこと。そういう名前は憶えたくないというのがあって、先生とは違って私ら凡人は忘れるんです」
裁判官「どこに毒を隠していましたか？」
千佐子「自分の工場やから、子供や猫、犬が来たら危ない。高いところに置いていた」
裁判官「工場を閉めてからはどうしました？」
千佐子「もう必要ないでしょう。正直言って。たぶんね、だからね、はっきり憶えていないけど、ゴミの収集とか、そのなかに汚い食事の魚とかと一緒に入れて、ビニールで何回もくるんで収集の日に（作業員の）手元に『これ』と言ってわたした。気を遣った」

話をしている途中で、千佐子のヘッドホンがずり落ち、彼女は「ハハハ」とかん高い声を上げて笑う。

裁判官「瓶を捨てたのはいつ頃ですか？」
千佐子「憶えていません。忘れたい、忘れ去りたいという思いですから。先生も、失礼だけど悪いことをしたときはいちいち手帳に書きますか？　書かないですよ」

そこに裁判長が割り込んで質問する。

裁判長「勇夫さんに毒を盛ったときは、どこに置いてましたか？」
千佐子「持っていなかったら飲ませられませんやん。つまようじの先でちょっと入れる量。財布のなかに入るような量。自分だけしか知らないこと。財布や名刺入れのような中に入れていたと思います」

記憶力の低下をしきりと訴える

ふたたび裁判官の質問に戻る。

裁判官「勇夫さんが亡くなったあと、遺産があることは知っていましたか？」
千佐子「あの、私ね、日頃ごはん買うとか、日常生活のおカネは貰っていたけど、彼はなにも言わない人だった。生命保険も、ものすごいおカネを持っているのもわかっていた。おカネには困らなかったから」
裁判官「勇夫さんが亡くなったあと、預金を解約したりとかは？」
千佐子「あのねぇ、あの人のおカネをどうこうすれば、警察が目え光らせてる。それはしなかった。一切おカネに手をつけてない。そんなことをすれば警察にとって渡りに船。その場で逮捕されますよ」
裁判官「勇夫さんの遺産を貰った記憶は？」
千佐子「ないですね」
裁判官「裁判が始まって二週間です。あなたの電話の録音が流れたけれども、憶えています?」
千佐子「憶えていません」
裁判官「あなたの左側の人は?」
千佐子「検事さん」
裁判官「弁護士はわかる?」
千佐子「それがわからなかったらおかしい。そこまでぼけてません」

ここで交代して右陪席の裁判官が質問する。

裁判官「勇夫さんと結婚したあと、十二月に別の男性とお見合いをしたようですが、それはどうして?」
千佐子「これは前にも聞かれましたけど、そんな記憶はまったく蘇《よみがえ》ってない。全然。彼と暮らしているとき、それはない。逆に聞きたいです」
裁判官「(見合い相手から)カギを貰ったりは?」
千佐子「全然憶えていないです」
裁判官「別の男性とお見合いをしたことは?」

千佐子「誰やったんやろ。いつやったんやろ。全然憶えてない。いくつか入ってたらチョイスできるでしょ。相談所、なんぼかありますよ。そのなかに何社かは入っていたかもしれません」

途中で裁判長による千佐子の借金についての質問を挟み、裁判官による質問が続く。

裁判官「印刷会社の前に借金で苦しんだ経験はありますか？」
千佐子「まるでないです。だから悪かったんでしょうね。立派な親のもとで育ったから。おカネで苦労しなかったから」
裁判官「勇夫さんはおカネをくれなかったから憎かったんですか？」
千佐子「ジェラシーというか……。ほかの人には何千万もあげていたのに……」
裁判官「離婚をすることも可能だったのではないですか？」
千佐子「それをしていたら、犯罪者としてここに座っていません。そのときはそれで全部見えなくなりました」

裁判官による質問が終了し、最後に裁判長が千佐子に質問していく。

裁判長「勇夫さんが亡くなった直後、すぐに葬儀屋に電話をかけていますが、なぜですか?」
千佐子「まったく記憶がありません」
裁判長「勇夫さんが死亡して、二日後に開錠業者に電話をかけていますが」
千佐子「それはいまでもはっきり憶えています。だって彼は私におカネをくれてなかった。葬式代が出せない。まずおカネがいる。だから正々堂々と言います」
裁判長「(二〇一四年)一月十六日頃から、××銀行(実名)などで勇夫さんの預貯金を探していたようですが、これはなぜ?」
千佐子「だって生活できないですから。葬式代もない。ご飯も食べないかん。おカネが必要だ。そこは先生、わかってください」
裁判長「捜査段階で警察官の前でカプセルの詰め替え作業をしていますが、それは自分から説明したんですか?」
千佐子「はい」
裁判長「毒入りカプセルはいつも同じように作っていましたか?」
千佐子「おまんじゅうやケーキやったら、『このときはああで、こうで』となりますけど、そんな心の余裕ないですよ。あったら教えて」
裁判長「ほかの事件も同じ作り方ですか？」
千佐子「そうです」
記憶力の低下をしきりと訴え、さらには午前と午後の供述内容にブレが生じるなか、この日の被告人質問は終了した。

一人暴走する千佐子

続く七月十二日の〈第九回公判〉では、弁護人による千佐子への質問が行われた。法廷に現れた千佐子の服装は灰色のTシャツに灰色の膝丈ズボンで、左手に眼鏡ケースを持ち、ヘッドホンをつけて証言台に座る。
弁護人「あなたが前回、この法廷に来たのいつだったか憶えていますか？」
千佐子「来たのは憶えてるけど、いつかはメモがないと憶えてません。そこまでぼけてます。先生の前回がどこまで前回なのか。二、三日前。ちゃいますか？」

ここから弁護人は千佐子に対し、前回の裁判でどのような質問をされたかということを事細かく尋ね、彼女はそのたびに、記憶があやふやで憶えていないという発言を繰り返した。その一連のやり取りを見ていると、弁護側が千佐子の記憶の曖昧さを印象付けようとしていることが伝わってくる。

弁護人「借金はあった？」
千佐子「間違いないです。設備投資にかかった。工場と機械。何千万。億まではいってない」
弁護人「借金はどこで？」
千佐子「大阪府中小企業信用保証協会。小さいおカネはお友達。あと銀行経由で設備投資と運転資金。仕事やめたときに全部取られてるからね。不動産とか……。裸一貫でなにもなし。自分の身体だけ。土地、工場。担保で取られちゃったからね。不動産を全部担保に。それこそすべて取られました」
弁護人「毒についてはどうですか？」
千佐子「事実ですね」
弁護人「誰から貰いましたか？」

千佐子「名前とか住所とかは憶えてないです。お世話になったから。命にかえても言えません。殺されても言えません。自分の持っているすべてを出しても、その方に迷惑をかけたくない。あと一つ言います。私も生命保険に入っていた。みなさんの前では恥ずかしいけどね、掛け金が払えなくなった。それも解約し、それでやりくりしようと。私が死んだほうがええのと、何回も死ぬ方法を研究した。ここで生きてることは、私があかんたれやったいうこと」

これ以降も「毒」について弁護人から質問が続くが、千佐子は貰ったときの状況や保管方法について、前回の質問に対する答えと同じ言葉を繰り返す。さらに、弁護人から検察官に調書を見せられたことを憶えているかと尋ねられた彼女は、「憶えてないです」と口にして、これまでに幾度も話した、大学病院で認知症の検査を受けた話、さらにはその昔、職場の上司からメモを取るように言われていた話を持ち出した。

弁護人「警察官や検察官が書類を作ったことは憶えていない？」
千佐子「そりゃあ、書類は作っているでしょ。日本は書類社会やから。だけど私は手元にないし……」

そこで弁護士が交代して質問を続ける。

弁護人「警察や検察が書類を作っていたかどうか、見た記憶は？」
千佐子「いまとなっては……。先生に言われてたら、よし、憶えとくぞと思うけど、そのときは自分一人で臨んでるから、まるで無防備ですね」
弁護人「書類を見せてもらったことは？」
千佐子「ないです、ないです」
弁護人「見てくださいと言われたことは？」
千佐子「百パーセント、千パーセントないです」

前回の被告人質問以上に、千佐子本人による、記憶が減退しているとの主張が続くなか、いったん休廷し、続いて検察官による質問が行われた。

検察官「千佐子さんは自分に黙秘権があることをわかってる？」
千佐子「はい」

ここで弁護人が「異議ではないですが、彼女は誘導されると『はい』と答えることが顕著なところがある。極力、誘導せずに聞いていただきたい」と意見を発した。

検察官「黙秘権はどんな権利？」
千佐子「黙ってる権利」
検察官「弁護士さんから黙秘しろと言われたのに、どうして喋るの？」
千佐子「素人やから、線引きできない」
検察官「取り調べで黙秘した？」
千佐子「してません」
検察官「どうしてあなたはここで話をするの？」
千佐子「私らみたいなド素人やからね。そこまでの線引きができない。人としての最低限、話さないとと思う。それは隠したらあかん、それは言わなあかんの線引きはできない」
検察官「それは千佐子さんの性格なの？」
千佐子「法律的なものやなく、性格的なこと。日常でもざっくばらんなタイプ。ついその癖が出るんです」
検察官「事件について、話そうという気になる？」
千佐子「なってます」
検察官「筧勇夫さんに毒を飲ませて殺害したことは事実ですか？」
千佐子「ちょっと質問。前にも同じことを聞かれました。ここで『いいえ』と言ったら偽証罪じゃないの？」
検察官「そういうことは心配しなくていいです。間違いないの？」
千佐子「私は前のときに『はい』と言って、今度『ノー』と言ったら、先生は質問してくるやない。私の性格やったら『はい』と言う。しかし黙秘権があると言ったら、言うことがクルクル変わるということになるのちゃいますの？」
検察官「いいですよ」
千佐子「そうすれば、あんたのこと、信用できへんとなるでしょう」
検察官「黙秘したいの？」
千佐子「私の性格は黙秘しない。そういうスタンスで生きてきた。日本の法律、変ですね。わかってることなのに、黙秘してもいいが理解できません。我々、素人だから」

検察官「××先生（弁護人）から警察官とのやり取りを聞かれ、憶えてないと話しましたね」
千佐子「テープ流してくれたら、そうですねえと言えます。でも憶えてない」
検察官「取り調べで四つの事件を認めていました？」
千佐子「認めてましたね」
検察官「四つの事件を起こしたことは間違いない？」
千佐子「ちょっと質問。また偽証罪で再逮捕と言われそうですね」

ここで弁護人が「今日は勇夫さん事件について扱っている。四事件についての取り調べに踏み込んだ質問です」との異議を唱える。しかし裁判長は、「四事件の具体的な内容に踏み込んだものではない」として異議を却下した。そこに別の弁護人が、「検事の質問は威圧的だ」と声を上げたところ、傍聴席からは笑い声が。裁判長はすかさず、「いま傍聴席でも笑いが起きていますが、そんなことはないと思いますよ。質問を続けてください」と続きを促した。これまでの進行を見ている限りでは、千佐子が一人暴走し、弁護側の援護手段が空回りしているような印象を受ける。

検察官「取り調べでは嘘はついていないの？」
千佐子「そうです。先生、一つ質問。日本国民やったら、犯罪をしたら『やっていません』と言うことが通るいうことがあるの？」
検察官「それは弁護士の先生と相談してね。じゃあ、毒を手に入れたときはどんなとき？」
千佐子「私は歳も歳やし、憶えてないんやから。私の上司がね……（メモを取るようにとの話を繰り返す）」
検察官「矢野プリントのときに毒を貰ったの？」
千佐子「毒として貰ったわけやない。これは薬やから気いつけて保管してや、ということで貰った」
検察官「勇夫さんにはその毒？」
千佐子「そうです」
検察官「そのあいだ、引っ越しを何回もしてたけど、保管場所とかは変わった？」
千佐子「変わってない。常に自分のキャッシュカードとか大事なもの、番号書いたものとか、そういうカードケース。子供にも見せへんもの。そういうところに入れてました」

「記憶の欠落」の強調がもたらしたもの

その後、弁護人の簡単な質問を挟んで休廷し、午後から裁判官による質問となった。

裁判官「黙秘権があなたにはあります。どういう意味かわかりますか？」
千佐子「読んで字のごとし。黙秘権。フフッ。要するに喋らないこと」
裁判官「言いたくなければ言わなくても構いません」
千佐子「先生、そうしたら私ら素人は隠そうとしていると思われると思うんですよ。その点はどうなんです？」
裁判官「不利益はありません。ところで、筧さんは生きてますか？」
千佐子「亡くなっています。先生、なんで知っているのに聞きはるの」
裁判官「なぜ亡くなったんですか？」
千佐子「私が殺めたんです。忘れてません。筧さんの件は憶えてます。私が殺めました」
裁判官「筧さんを殺したときですが、どうやって殺したの？」
千佐子「憶えてます。毒を飲ませました。お薬飲むように」
裁判官「飲んだ姿を見ましたか？」

千佐子「見てました。本人はお薬飲むつもりだから、普通に飲んでいました。苦しむ状態もなく、自然に亡くなりました」
裁判官「あなたは毒の管理について犬や猫も飲まないようにしていたと言っていた。そこまで注意していたのになぜ毒を飲ませたの？」
千佐子「殺してやりたいと思うほど憎しみがありました。隠しても通らないでしょ」

裁判官に代わって裁判長が質問する。

裁判長「捜査段階で書類を作っていたことをあまり見ていないと言ってましたね」
千佐子「見てないですねえ」
裁判長「一昨日の公判では検察側に調書を見せられ、署名と指印を見せられたことを憶えていないですか？」
千佐子「憶えてません。これも押したな、憶えとこではなかった。出てきたものを次から次へと押してたから」

そこで平成二十六年（一四年）十一月二十日付の供述調書をモニターに示した。そこには千佐子の署名と指印がある。

裁判長「これは誰の字ですか？」

千佐子「私の字です」

裁判長「指印は？」

千佐子「確認できませんけど、私としか考えられないでしょ。聞くだけ野暮ですわ」

裁判長「調書を読み聞かされたことは憶えてませんか？」

千佐子「これ見て、これ私のものでないとは言えません。私にそんなこと聞くの野暮ですわ。無駄な質問ですわ。私のようなアホは、何カ月前のこと言えません。先生も歳いったらわかりますわ。そんなん憶えてませんわ」

裁判長「読み聞かせて貰って、間違っていたら？」

千佐子「そんなんやったら押しません。私ぼけてませんから。この字を見たらな、そやなと思いますわ。やってもないのに押せ言われても押さないですわ。だから、私が犯した罪だから私が書いた」

裁判長「いまみたいに、示されたらわかりますか？」

千佐子「見せられたら、わかります。本当に物忘れも激しい。嘘をつかないです」

千佐子は憮然《ぶぜん》とした表情で言った。ここまでで閉廷となり、二日間の被告人質問は終了した。刑務官に手錠をかけられた千佐子は無表情のまま、いつもやっているように、傍聴席に一礼して法廷をあとにした。

今回の公判は、千佐子が自身の記憶の欠落を強調するあまり、かえってそこに作為が入り込んでいるのではないかとの疑念をもたらした気がしてならない。

第六章　認知症裁判の行方

精神鑑定した医師の証言

公判開始時に七十歳の筧千佐子を被告とする〈近畿連続青酸死事件〉の裁判のなかで、とくに焦点が当てられているのが、彼女の認知症についての扱いである。七月十三日に開かれた〈第十回公判〉では、千佐子を精神鑑定した医師への証人尋問が行われた。

京都府立洛南病院精神科医長の医師は、公判前整理手続中の一六年五月から九月にかけて計十三回、京都拘置所で千佐子と一、二時間程度の面接を行い、心理検査、血液検査、心電図検査、頭部ＭＲＩ検査などの各種検査を行ってきた。

それらの結論として、法廷で明かされたのは次の通りだ。

犯行時、被告（千佐子）はとくに精神疾患に罹患《りかん》していない。一連の犯行は多額の債務を抱えた被告が遺産相続をし、借金の返済を逃れることを目的にして、交際相手、結婚相手を殺害したものである。

現在の被告の状態は犯行に影響を与えていない。一五年頃より、記憶障害が認められる。軽症のアルツハイマー型認知症である。被告は捜査段階から現在にかけて、相応な防御ができる能力は有している。ただし、今後進行する懸念はある。

さらに医師は〈被告の身上経歴・家族〉として、千佐子の過去に触れた。

そこで初めて出てきたことは、千佐子は九州で生まれたが、産みの親から戸籍上の両親に引き取られ、成人後に産みの親の存在を知ったということ。つまり、彼女は養子だったのである。

育ての父親は会社員で真面目で厳しく、同じく母親も真面目で働き者だったようだ。また、血の繋《つな》がらない兄とは不仲で、両親の遺産相続を巡って民事裁判になったという話が語られた。

矢野プリント起業後、当初の経営は順調だったが、千佐子が投資に手を出し、多額の借金を抱えた。高金利の貸金業者から借金を重ね、彼女の子供がみずからの給料で借金を穴埋めしていたという。夫が死亡した際の約二千万円の生命保険金は、借金の返済に充てられた。

千佐子は一九九八年頃から結婚相談所に登録。経済援助をしてくれる男性を探す。〇七年頃には先物取引に手を出し、約三億円の損失を出している。

〈被告の性格など〉について言及した部分は、次の内容だった。

- 明るく、初対面でも打ち解けて話し、人間関係を築く能力に長《た》けている。
- 交際や借金をする場面では、みずからに有利になるように嘘をつく。借金の連帯保証人には被告が子供の名前を書き偽った。実際、相手にカネを借りる際には、投資目的だと嘘をついた。
- 末廣（利明）さんが救急搬送された際には、救急隊員に対し、みずからの名を「平岡」と偽った。
- 同時期に複数の相手と交際し、互いの男に知られないように嘘をつくことが常態化した。日置さんを殺害する際には、筧さんに「親族の葬儀に参加する」と嘘をついた。

とはいえ、これらは最初の夫が亡くなり、借金に悩まされた九八年以降の行動であり、パーソナリティ障害ではないと指摘。犯行時に精神異常はないとの結果が示された。

また、犯行時に物忘れがなかったと判断した理由として、次の事柄を挙げている。

- 一三年七月から九月にかけて、被告は日置さんと筧さんの両方と交際。互いに知られないよう、スケジュール管理をきちんとやっている。
- 日置さんの法事にきちんと出席している。

- 日置さんの死亡後に金庫の開錠、預金の解約などの相続手続を自分でやり、借金を返済している。
- 筧さんに知られないように別の男性と交際を進め、スケジュール調整をしている。

筧さん死亡後のことだが、千佐子は一四年五月二十九日、長女から物忘れを指摘され、大阪府内の病院を受診している。そこで認知機能検査として「ＭＭＳＥ（ミニメンタルステート検査）」を受け、三十点中二十三点以下だと認知症の疑いがあるという同検査で、二十九点という結果だった。

一四年十一月十九日に筧さん殺人容疑で逮捕された千佐子は、現在まで勾留生活を続けており、外部刺激はなく、行動が制限されている。そのため認知機能の低下が進む可能性がある。逮捕後に簡易鑑定を行った一五年六月二十六日の時点では、軽度の認知症と診断。「ＭＭＳＥ」は二十四点で、前年五月よりは悪くなっている。

ここで医師は千佐子が人間ドックを受けた一二年二月に撮影された頭部ＭＲＩ検査の画像と、一六年六月撮影の同画像をモニターに提示した。画面上では後者の脳断面の前部と右側部に黒くなっている部分があり、前者にくらべて隙間が空いているのがわかる。この状態について、「前頭葉の萎縮などが認められる」との説明がなされた。

本鑑定の結果としては、知能検査では千佐子のＩＱは八十五。元来の知能水準は平均以上だが、記憶力は同年代にくらべ全般的に低い。現在、アルツハイマー型認知症に罹患しており、発症は逮捕後の一五年頃で、認知機能の低下は一四年五月以降である。認知程度は軽症。認知機能の低下は著しくないとされた。

その後、各事件について千佐子が医師に語った内容が列挙されたが、とくに興味深かったのは、千佐子の供述の特徴についてだ。一部を抜粋する。

- 過去の交際相手について「憶えていない」と言うが、「名前も憶えてない。先生に言われたら、あ、その人となる」と言う。すぐに記憶が呼び覚まされており、不自然な印象。被告が物忘れを誇張している可能性も完全には否定できない。
- 被告は記憶よりもその場の思いつきで話していることがある。
- 被告は筧さんとの結婚生活について記憶があるが、同時期に交際していた相手については「憶えていない」と言う。これは物忘れではなく否認と解釈される。
- 逮捕後に多くの供述内容が変化したにもかかわらず、シアンやカプセルに関する供述には一貫性があり、違和感がある。「服のプリントのミスを消すためにシアン化合物を貰った」などについては、意図的な虚言である可能性は否定できない。
- 逮捕後は否認し、自己防衛行動を取っている。犯行時には認知症は発症していない。

そうした千佐子の訴訟能力について触れたくだりでは、彼女は自分が罪を犯して勾留中であることを理解しており、裁判での手続きが実行中であることも理解している。また、黙秘権についても理解していることなどから、訴訟能力はあるとの見方を示した。

翌七月十四日に開かれた〈第十一回公判〉は、千佐子自身が筧さん殺害を認めた自筆の供述書三通の読み上げに留まり、わずか七分で終了した。

七月十八日の〈第十二回公判〉は、筧さん事件の締めくくりとして、検察側の中間論告と弁護側の中間弁論が行われた。検察側は、遺産目当ての計画性の高い犯行で、被告の認知症は軽度で訴訟能力はあるとした。一方、弁護側は事件前に認知症を発症し、それにより善悪の判断や行動の制御ができなかったとしたうえで、供述についても虚偽や作り話で信用できないと主張した。

本田さん事件と筧さん事件の共通点

前回公判から日程が開いた七月三十一日の〈第十三回公判〉では、本田さん事件の冒頭陳述と証人尋問が行われた。

検察側の冒頭陳述によれば、一二年三月九日、本田正徳さんは千佐子と一緒に大阪府貝塚市内の喫茶店にいた。午後五時前に本田さんは、日課としているスポーツクラブへ通うため、喫茶店からバイクを運転して向かった。

そして午後五時頃、本田さんは喫茶店から約二キロメートル先の路上でバイク運転中に転倒。目撃者が一一九番通報した。本田さんは午後六時二十一分に搬送先の病院で死亡。その十四分後である午後六時三十五分に千佐子が病院に到着する。後日、解剖のみで毒物検査はされず、病死扱いとなった。

千佐子は本田さん死亡の翌日である三月十日に、開錠業者を本田家に呼んで金庫を開錠。彼女は同年三月から五月にかけて、本田さんの預貯金千四百万円以上と死亡保険金二百万円以上の大半を取得した。また、同年十二月頃には貝塚市内の本田さんの自宅マンションを二百六十万円で売却処分した。

検察側は本田さんが、死亡の約二カ月半前に全財産を千佐子に遺贈する内容の公正証書遺言を作成していたことを指摘。遺産の取得を画策した犯行であると主張した。弁護側は千佐子は事件とは無関係だとして無罪を主張するとともに、認知症が進んでおり、責任能力も訴訟能力もないと訴えた。

その後の証拠調べのなかでは、本田さんが救急搬送された経緯の記録が開示され、そこで本田さんの自動車運転免許証の裏面の備考欄に、緊急連絡先として手書きで〈内妻矢野千佐子〉とあり、千佐子の携帯電話番号が記されていたことが明らかにされた。

　また、午後から行われた証人尋問では、本田さんが倒れた瞬間を目撃して一一九番通報した女性と、本田さんの残された血液と胃の内容物などからシアンを検出した、大阪府警科捜研の職員が状況を説明している。

　八月一日の〈第十四回公判〉では、三人の証人尋問が行われた。本田さんの死因について鑑定した和歌山県立医科大学教授は、死因について「シアン中毒だ」と断定した。続いて大阪府警警察官が、本田さんの保存されていた血液や胃の内容物を取りに行った経緯を明かす。最後に本田さんを解剖した近畿大学法医学教室教授が、シアン中毒の検査を行わなかった理由についてなどの質問に回答した。

　中一日を空けて開かれた八月三日の〈第十五回公判〉では、本田さんの友人と大阪府警警察官二名、それに本田さんのかかりつけ医への証人尋問が行われた。

　そのうち、本田さんが持病の糖尿病治療のため、月に一度の割合で通院していたかかりつけ医の証言のなかには、筧さん事件と共通する要素があった。医師は証言する。

「三月十六日、本田さんが亡くなって一週間後、診療所に『内縁の妻』という人が来ました。診察室に通すと、その方は『本田さんが飲んでいる薬がすべて空になっていた』ということを強く言っていました。薬は三月七日に三十日分処方していました。これがすべてないということはどういうことかと驚愕《きょうがく》しました。全部飲んでしまったのか、と」

健康志向が強く、規則正しい生活を送っていた本田さんがそのようなことをするとは考え難く、「内縁の妻」が、なぜそんなことを言ってきたのか理解できなかったという医師だが、検察官にいまはどう思うか問われ、次のように答えている。

「ひょっとしたら、薬によって低血糖を起こして死亡事故を起こしたのだと知らせるために、来たのではないかと思っています」

八月四日の〈第十六回公判〉では、証拠調べとして、本田さん死亡の翌日に電話で開錠業者を呼んだ際に録音された、音声データが法廷で流された。

そのうち最初のものは、本田さんが死亡して約五時間後の、三月九日午後十一時十八分にかけられていた。

千佐子「あ、すいません。あのー、今日か明日の早い時間に、カギを開けに来てほしいんです」

業者「最短で明日の午前ですが」

千佐子「あの、超特急指定とかないんですか?」

業者「明日（午前）八時以降に電話いただければ」
千佐子「アバウトで、いちばん早いのはいつ頃になります？　早ければすぐにお願いしたいんですよ。いまは予約できないんですね？」
業者「深夜ですので」

続いて、翌三月十日午前八時〇三分に千佐子がかけた電話の音声が流される。

業者「はい、カギの受付センターです」
千佐子「大至急で。昨日電話したんですけどね。朝にならないと、と言われたので」
業者「カギを開けるものは？」
千佐子「カギ、金庫……。はい。四十センチ……五十センチ四方の……」
業者「お住まいはどこになりますか？」
千佐子「えーっと貝塚市……、えーっ……」
業者「ご自宅ですよね？」
千佐子「はい……（書類などを探している様子）…えーっと、貝塚市××の××

（マンション名）×○四号室。×階の四号室ね」
業者「いまお電話をいただいているのは？」
千佐子「本田正徳」
業者「いま電話に出ておられるあなた様は？」
千佐子「私、妻です。ダンナは昨日亡くなって、今日お葬式をするので、私、開けます」
業者「（持ち主が）亡くなられたので、奥様以外にもう一人立ち会いが必要なんですが」
千佐子「一人暮らしなので」
業者「親族の方は？」
千佐子「いません。それで、公正証書はあるんです」
業者「電話番号は？」
千佐子「ちょっと待ってくださいよ。……一回切らんと。私の携帯です」

あくまでも私個人の感想だが、千佐子の声色からは少しでも早く金庫を開けたいとの焦りこそ感じられるものの、内縁の夫を亡くしたことの悲壮感は窺えない。

これらに続き、本田さんが作成した公正証書遺言がモニターに映し出された。一一年十二月二十六日付の証書には、〈遺言者は下記不動産などを含め、一切の財産を内妻矢野千佐子に遺贈する。遺言者は矢野千佐子と遠からず婚姻する予定なので、婚姻していれば遺贈を相続するに読み替える〉とあり、定期預金のある銀行名と口座番号が記載されていた。

さらに本田さん死亡による千佐子の受取金の総額について、計一千九百四十三万二千六百七十八円だと検察側は明かし、銀行別に本田さんの預金が千佐子の預金口座に移動された金額、受付日、移動日が示された。それに加え、生命保険についても、保険会社別に受取人が「兄弟」から千佐子に変更された日付と、支払われた保険金額と日付が読み上げられた。さらには、本田さんの自宅マンションについても、所有権が千佐子に移転登記された日付と、それを千佐子が売却した金額、日付が明らかにされた。

午後からの証人尋問では、兵庫県に住む本田さんの長兄が証言した。そこで三月九日に本田さんの死亡を警察署からの電話で知り、すぐに駆けつけた長兄夫婦が、葬儀の打ち合わせのため翌十日午前九時過ぎに、千佐子が待つ貝塚市の本田家を訪ねたときの様子が語られる。

「（千佐子が）金庫のカギが開かないと言うので、カギ屋が来ました。なかからは通帳や生命保険証書が出てきました。正徳は病気を持っていて、医者にかかっていました。薬があるはずなのに、薬という薬がなかった。おかしいなあ、ほって（捨てて）しまったのかなあと思いました。被告からは、カギ屋が来る前に公正証書を見せられました。遺産を全部わたすというもの。しっかりしてる女やなと思いました」

長兄が通夜の場で千佐子に「遺産を長い付き合いではないのに、全部取るのはおかしいんじゃないか」と言うと、彼女は「わかりました。私は全部いただくつもりはありません」と口にしたという。そして千佐子は本田さんが買ったという宝くじを等分に分けて、兄弟に配っている。宝くじはすべてハズレ。長兄が電話をかけて催促し、「四月の終わり頃」に、千佐子が費用を出して遺骨は高野山に納骨されたが、その後はなんの連絡もないため、兄弟だけで一周忌をしていた。

「私や兄弟は正徳の遺産をなにも手にしていません」と語る長兄は続けて、「遺産を分けると言ったのに、なにも言ってこない。諦めました。仕方ないなあ、そういう女やったんやなあって」と口にした。

本田さんと三股状態だった男性たち

本田さんの長兄に続いて、千佐子と見合いをした奈良県に住む七十五歳の男性が証人として呼ばれた。小柄で痩せ型の堀越進さん（仮名）が、大阪市内の結婚相談所を通じて千佐子と見合いをしたのは一二年一月十四日のこと。その時期、彼女は本田さんと交際しており、本田さんが公正証書遺言を作成した翌月にあたる。

堀越さんが見合いの様子について語り始めたところで、千佐子は席に着いたままヘッドホンを外し、興奮した様子で怒声を発した。

「はい。私、そんなん全然憶えてませんよ。そんな、まったく……」

裁判長がすぐに制止したが、千佐子が法廷で不規則発言をするのは初めてのことである。彼女にとって、よほど触れられたくない話なのだとの印象を抱いた。

その見合いをきっかけに、堀越さんと千佐子は継続して交際することになったが、千佐子はずっと「今井（仮名）」姓を名乗っていたという。ちなみにこの姓は、千佐子の長女の嫁ぎ先の苗字である。

検察官は千佐子と計六回会ったという堀越さんに対して「肉体関係は？」と尋ねている。

「四回目にありました。ホテルに行きました。そういうことは二回ありました」

二人の関係は、千佐子から堀越さんに別れを告げる手紙を出したことで、「長くても二、三カ月で」終了した。堀越さんは言う。

「家に手紙が来てて、残念だが終わりですとあって、理解できなかった。僕に息子がおるから『息子には負けます』と書いてあった。息子のことは前から言っとったのに……」

堀越さんの証言から推測するに、千佐子が別れを切り出した時期は、本田さん死亡からさほど経っていない頃だったと考えられる。

千佐子との今後について、どうしたいと考えていたかを検察官に問われた堀越さんは、「できれば一緒に生活したいと思っていました」と答えている。

続いて証人として現れたのは、大阪府に住む八十一歳の弘中和男さん（仮名）。小柄で眼鏡をかけ、髪を七三に分けた彼が、大阪市内の結婚相談所を通じて千佐子と見合いをしたのは一二年二月頃。先の堀越さんと彼女の見合いの一カ月後であり、本田さん死亡の一カ月前である。

弘中さんは千佐子と三カ月ほど交際し、そのあいだに五回会ったという。弘中さんは彼女への好印象を語る。

「マナーのいい人で生活力もあると事前に結婚相談所の人から聞いてましたが、まさにその通りだと思いました」

弘中さんの妻は一一年に亡くなっており、一周忌の法要にも千佐子は参列していた。

「彼女から『私、それに参加したら具合悪いの？』や『行ってみたい』と言われ、一緒に行きました」

千佐子との別れは突然で、急に連絡が取れなくなったそうだ。そのため弘中さんは交際について「終わった印象がない」と語る。

「向こうが終わろうとしてるとは、思いもしませんでした。心当たりもありません」

尋問が終了し、弘中さんが頭を下げると、千佐子も頭を下げ、法廷から出ていく後ろ姿を目で追っていた。

「殺した」「殺してない」幾度も変遷する証言

八月七日に開かれた〈第十七回公判〉は、本田さん事件についての被告人質問で、千佐子の証言に注目が集まった。

最初に弁護人が「弁護側から質問されたら答えますか？」と尋ねると、「はい」と答えた千佐子だったが、続けて検察側、裁判官、裁判員の質問にはどうするかを問われると、いずれも「答えません」と早口で言った。

しかしその後、検察側からの質問の際に「（本田さんを）殺害した事実について間違いないですか？」と検察官に問われると、彼女は「間違いないです」と答えたのだった。

さらに検察官から、弁護側は千佐子の無実を主張しているが、なぜみずから犯行を認めるのかと尋ねられると、「事実だからです」と強い口調で返している。

その後、本田さんを殺害した方法について聞かれた際には、千佐子は幾度も「憶えていません」と繰り返す。だが、検察官が質問の方法を変えていくと、最終的には「毒」を「カプセル」で飲ませたということを認めたのだった。

とはいえ、その後も千佐子は自分の記憶があやふやであるとの主張を繰り返す。検察官の「本田さんとはどうやって知り合ったんですか？」との質問にも、「私、隠す気はないです。先生も昔の彼女とどうやって知り合ったか聞かれて全部言えますか？　私はほんま、ぼけ入ってるから」と切り返した。また、本田さんを殺害した理由については、筧さん事件の際に理由として挙げた「差別された」という内容とまったく同じ話を繰り返した。

さらに、三十分の休廷を挟んで実施された弁護側の質問でも、これまでの証言について憶えているかを問われ、「憶えていません」と答えている。続く裁判員の質問に対しても、「私の歳のせいなのか、病気なのか、自然の摂理なのか、質問する先生だって、何年前のことを言えますか？」と、食ってかかる態度を見せた。質問者が裁判官に代わっても不機嫌な態度は続いたが、以下のやり取りもあった。

裁判官「本田さんが亡くなったことは？」
千佐子「憶えていないと言ったら病院に連れて行かれる。私が殺めました」
裁判官「方法は？」
千佐子「みなさんの前で言いたくないです」
裁判官「本田さんが亡くなった日、どこで亡くなったんですか？」
千佐子「最終的には病院のベッドでしょうけど、喫茶店で私が殺めたのは憶えています」

また、裁判長から「（カプセルを）なんと言って飲ませました？」と聞かれた際にも、千佐子は「健康食品と言ったから飲んだ。毒やとは言いません」と、みずから犯行への関与に言及している。

とはいえ、最後に弁護側からの質問で「本田さんはどうして亡くなったんですか？」と問われた彼女は、次のように返す。

「前にも聞かれましたけど、本田さんを私が殺したとは思っていませんから。どこでどうしたという思いが湧いてこない。本田さんを殺して、こんな言葉を使ったら嫌やけど、なんのメリットがあるんですか？　夫やったら生命保険とかがあるけど、本田さんを殺してなんのメリットがあるの？」

　このように、千佐子の証言は幾度も変遷するのだった。

　八月八日の〈第十八回公判〉は、千佐子の供述調書の読み上げのみで終了した。そのうち一五年一月三十日の『検察官弁解録取書』と『裁判官勾留質問調書』では犯行を否認していた千佐子が、翌三十一日以降の『検察官供述調書』からは犯行を認め、詳しく供述している。一部を抜粋する。

〈私は本田正徳さんを殺しました。彼に毒の入ったカプセルを飲ませたのです。堺市と泉佐野市の境にある『××（実名）』という喫茶店の中で飲ませました。私はカプセル二錠を出して、一錠は毒入りで、一錠は本物でした。私は本物を飲んで見せて、彼に「サプリだよ」と言って飲むように促しました。彼が疑っている様子はありませんでした。彼はみずから口の中に入れて飲みました。その後、私は車、彼は単車に乗って立ち去りました〉（一五年一月三十一日の『検察官供述調書』より）

〈私は矢野正一と死別したあと、何人もの男性と交際してきました。当時、私は莫大《ばくだい》な借金を抱えており、援助をしてくれる人を探してお見合いを繰り返していたのです。そんななか、私のなかである悪い部分が出てきました。嘘をついてでもおカネを借りようとしました。遺産目当てで男性を毒で殺したこともあります。本田さんを殺す前にも別の男性を毒で殺していました。他人を殺すことは、私にとっても精神的に負担のかかるものです。援助を受けたいとの思いがありました。検察官から記憶を尋ねられたのでお答えします。本田さんとの交際時、私はすでに別の男性を遺産目的で殺していました。（中略）本田さんは私の借金に理解をしてくれていました。嬉しかったし、殺す思いも薄れてきました。しかし、本田さんのおカネに対する態度が変わっていったのです。言ってみれば本田さんがケチになってきたのです。私は「あれ」と思い、最初に言っていたことと違うなと思い、おカネの援助を期待できなくなってきました。私の悪い部分が強くなってきました。殺しておカネを手に入れようと思ったのです。遺産を受け取るために、公正証書を作ってもらう必要がありました。本田さんに公正証書の話をすると、本田さんはすでに公正証書の知識があり、快く作ってくれました〉（一五年二月十三日の『検察官供述調書』より）

八月九日の〈第十九回公判〉は、本田さん事件の締めくくりとして、検察側による中間論告と弁護側の中間弁論が行われた。

そこで検察側は、千佐子が本田さんの遺産目当てでシアン化合物を飲ませて毒殺したことは明らかとした。さらに犯行当時に精神障害じたいが存在せず、動機に異常性はなく、また、計画性の高い犯行を成功させるだけの能力があったとして、責任能力ありと主張した。

一方の弁護側は、本田さんがシアン中毒で死亡したとすることには疑問が残るとしたうえで、千佐子が本田さんと喫茶店で一緒にいたとはいえず、犯行可能性には疑問があり、千佐子の行動からも犯人性や殺意を推認できないと指摘。捜査段階の調書には任意性、信用性がなく、千佐子は一二年三月当時から認知症、少なくとも認知障害、脳萎縮が生じ始めていたと推測できることから、善悪を判断したり、行動をコントロールすることができない状態にあったとして、無罪を主張した。

千佐子に四千万円を貸していた末廣さん

本田さん事件での公判が順調に進み、予備のために用意されていた日程が省略されたため、次の〈第二十回公判〉が開かれたのは八月二十五日。この日は末廣さん事件の冒頭陳述と、救急隊員、搬送先の病院医師らへの証人尋問が行われた。

検察側の冒頭陳述とこれまでの取材内容を合わせると、次の経緯が浮かび上がる。

九七年に妻と死別した末廣利明さんは、兵庫県神戸市で次男と同居していた。そして〇五年の夏頃に結婚相談所を介して千佐子と知り合う。ちなみにこの年の三月に、千佐子が交際していた兵庫県南あわじ市の笹井幸則さんが死亡している。やがて投資を趣味としていた末廣さんは、千佐子に投資目的で多額の金銭を預けるようになった。

そうした最中の〇六年五月に、千佐子は兵庫県西宮市の宮田靖さんと結婚し、宮田さんは同年八月に死亡した。その翌〇七年十二月十八日、末廣さんは千佐子に預けていた四千万円の返済を受けるため、神戸市内の喫茶店で彼女と会って昼食を共にしたあと、JR元町駅付近の路上で倒れたのである。

午後二時十三分に千佐子が一一九番通報し、六分後の十九分に救急隊が到着した。その際に彼女は友人の「平岡」だと名乗り、救急隊員に末廣さんが「朝から不調を訴え、食事をしたあと、歩いていて倒れた」と説明して、病院まで付き添っている。末廣さんは治療によって一命を取り留めたが、高次機能障害が残り、意思の伝達が不可能で介護なしでは日常生活が不可能な〈要介護５〉の状態となった。

この年の十二月末にかけて、末廣さんの友人である鎌田小百合さん（仮名）が、末廣さんの長女である坂本加代さん（仮名）に、彼が千佐子から四千万円の返済を受ける予定だった話を伝え、加代さんが末廣家で見つけた関係書類から、「宮田」姓の千佐子の身元を突き止めたのだった。

○八年一月に加代さんから千佐子の連絡先を聞いた鎌田さんが電話を入れ、千佐子を追及したところ、彼女は預かり金の全額を返済する意思を示し、二月に加代さんに手紙を書いて返済を約束した。

そして同年三月から七月にかけて、千佐子は加代さんと末廣さんの次男、さらに末廣さんに投資金百万円を貸し付けていた鎌田さんに、合わせて四千九百万円以上を支払った。なお、この返済金には千佐子が同年四月に結婚して、翌五月に死亡した大阪府松原市の山口俊哉さんの遺産が充てられたとされている。ただし、それ以前の三月に、千佐子と交際していた奈良県奈良市の大仁田隆之さんも死亡しており、公正証書遺言を持つ彼女が大仁田さんの子息から、なんらかの遺産分配を受けていたはずであることを付記しておく。

介護を受ける生活を続けていた末廣さんは、親族との会話などができない状態のまま、

○九年五月に胃の悪性リンパ腫で死亡した。

八月二十八日の〈第二十一回公判〉では、末廣さんの主治医と法医学、法中毒学の専門医への証人尋問が行われた。これまでの筧事件、本田事件とは異なり、末廣事件は血

液や胃内容物などの物証が残されていない。そのため、治療時に残されていた資料に基づいて、末廣さんの症状がシアン中毒であったということを証明するための尋問が中心となった。ここでは法中毒学の専門医である浜松医科大学名誉教授が「データを見たときに、シアン（中毒）しか考えられない」と明言している。

八月二十九日の〈第二十二回公判〉は、末廣さんの次男と、長女である坂本加代さんへの証人尋問が行われた。その際に加代さんは、救急搬送時に偽名を使った理由について、千佐子に直接尋ねたことを証言している。

「違う名前を使ったことが気になってたので、なぜ平岡と名乗ったのかと聞きました。すると『あのときは気も動転し、変な仲を勘ぐられたくなくて偽名を使った』と言ってました」

八月三十一日の〈第二十三回公判〉では、鎌田小百合さんを含む、末廣さんの友人である女性二人への証人尋問が行われた。その際、友人女性の証言によって、千佐子が最初のうちは預かり金に多額の利子を付けて返済して信用を得ることで、次回以降も継続して相手から預かり金を得ていたことが判明した。

「（末廣さんが千佐子に）一千万円を貸して返済されたときに、五百万円の利息をいただいたと。（それに加え）一週間前に百万円をいただいたと。『親切にしておいて良かった』と言っていました」

友人女性はその際に、末廣さんから「また（資金を）貸すことになった」との話を聞いており、実際に融通したことも耳にしている。

さらに、この末廣さん事件では、〇八年一月の鎌田さんからの電話での追及後、千佐子は末廣さんの親族などに、慌てて計四千九百万円以上の返済を行っている。それが事件発覚を恐れたためであることを窺わせる証言が、鎌田さんによってなされた。

「私が（末廣さんの）お見舞いに行ったときに、病院の先生にあれこれ聞かれた。『私も（事件への関与を）疑われているみたいだ』とその女性（千佐子）に電話を入れました」

そう話したうえで、千佐子へ連絡した際に、「できたら千佐子さんからも（病院に）電話してくださいということを伝えた」というのである。

検察側が示した〈被告から末廣さんへの金銭の支払い状況〉というリストでは、〇八年五月十七日の山口俊哉さん死亡を受けて、千佐子は同月二十九日には一千九百九万円を自分の口座に移転し、六月十一日には坂本加代さんに一千万円を送金している。さらに、六月十二日に三千九百十八万円をふたたび自分の口座に移動すると、そのうち三千七百五十万円を小切手化し、加代さん夫婦に手わたしで返済していた。そうした迅速な行動からも、千佐子の危機感が伝わってくる。

投資に注ぎ込んだ金額は約三億円

末廣さん事件に千佐子が関与したとの印象が徐々に強まるなか、九月四日の〈第二十四回公判〉では被告人質問が行われた。

そこでは当初、弁護人からの質問に対して、千佐子はもはや恒例ともいえる「憶えてない」を繰り返し、過去の被告人質問で毎回例に挙げる「大阪の病院で脳の検査を受けた話」と「上司にメモを取れと言われた話」を何度も口にした。また、末廣さんを殺めた理由についても、筧さん事件と同じ「差別された」との文言を持ち出し、裁判長から「筧さんの（ときの）差別とごっちゃになっていませんか？」とたしなめられている。

続く検察官からの質問では、いくつか興味深い回答があった。まずは犯行に毒物を使った理由についてだ。

検察官「さっき弁護人に聞かれて『私、殺めてる』と言いましたが、方法は？」

千佐子「私は女やから、ピストル、包丁、ナイフで殺すはできません。怖いから。手段では毒を飲ますしかないです」

さらに、千佐子は救急隊員に対して「平岡」と名乗った理由について、法廷では次のように説明している。

検察官「救急はそのとき（搬送時）女性がいて、『平岡』と名乗ったとありますが」
千佐子「先生みたいな偉い人にはわからんかもしれんけど、私みたいな女はね、やっぱり名前を隠したいです。ノーベル賞とか貰ってたら別ですけどね」

また、この法廷で初めて千佐子が投資に失敗した会社の実名が検察側によって明かされ、そこには末廣さん以外の人物の遺産も注《つ》ぎ込まれていたことがはっきりする。

検察官「投資はどこに？」
千佐子「上場会社の投資だったら憶えてますけど、ちょっとマイナーな投資会社。それでこうなった。人生の間違い」
検察官「そこは『××（実名）インターナショナル』という会社ではないですか？」
千佐子「先生、よう憶えてますね。なんとかインターナショナルでした」

検察官「損をしましたか？」
千佐子「損どころか、命とられました」
検察官「末廣さんから預かったおカネもそこに？」
千佐子「そうです。やっぱり警察の力はすごいですね」
検察官「投資のカネの出どころは、末廣さんから預かったものだけ？」
千佐子「（しばらく沈黙）……前に付き合った人がけっこうおカネ持ちだったし、その人からもあって、末廣さんだけやない」
検察官「平成十八年（〇六年）に入った宮田（靖）さんの遺産は？」
千佐子「遺いました。ありますね。宮田さんは私の人生でいちばん華やかなときでした」
検察官「末廣さんにおカネを返せなかったのが殺人の原因？」
千佐子「それがすべてです。彼が憎いと思ったことは一度もありません」

ここで名前が出た「××インターナショナル」という会社は、海外先物オプション取引の取次をしており、高齢者を中心とした多数の顧客に対して過大な投機的取引を勧誘し、その結果、多額の損失を与えるなどして社会問題化した会社だった。そのため同社には、金融庁による金融先物取引業の許可取消の行政処分が課せられており、現在は存在しない。のちに明らかにされることだが、千佐子はそこに約三億円を注ぎ込んでいたのである。

起訴されていない人物の殺害に言及

今回の被告人質問においては、千佐子が苛立《いらだ》ちをぶつける場面が数多く見られた。たとえば検察官から自身の供述調書を複数枚見せられ、そのすべての指印を一枚ずつ確認された際に、彼女は次のように反応した。

「質問。判を押すのは認めてるから押すんでしょ？　なんで何度も何度も……。ハンコ押してる限り認めてるんですよ。私、理屈の多いかもしれませんけど、それを何度もやるのはおかしいんです。私そんな女やないから言いませんけどね。いまの屁理屈（？）です」

また、千佐子の経歴の話になり、検察官が「息子、娘も結婚し、平成十八年に宮田さんと再婚した？」と尋ねた際も苛立ちを見せる。

「はい。ちょっと言わせてもらうけど、事件に関係のないこと。そこまで私のプライバシーを言わなならんのですか？　頑張ってやってて儲けてたら、再婚なんかしません。

絶対しません。人の過去をほじくり返して、百人もいる前で言うてね……」
彼女が感情に任せて怒りを発する場面を目にしながら、その自尊心の高さを感じずにはいられない。のちに質問した裁判官に対しても、次のようなやり取りがあった。

裁判官「平成十九年十二月十八日に末廣さんと会いましたか？」
千佐子「先生、どんだけすばらしい頭してるんですか？　平成何年の何月何日に会ったとか聞くのは、小学校の子に大学の勉強聞いてるようなもんです。失礼です。私アホですから」
裁判官「末廣さんが入院中にお見舞いに行きましたか？」
千佐子「そらしますよ。私、鬼じゃないし」
裁判官「入院する前、どういう理由で会ったんですか？」
千佐子「先生、逆に質問しますわ。あなたは友達に一年前にああでこうでと聞かれて答えられますか？　人の記憶にないことに対して、あえて質問しないでください」
（ここで裁判長から「質問されたことに答えてください」と注意を受ける）
裁判官「末廣さん宛《あて》にどんな手紙を書きましたか？」

千佐子「憶えてません。そんな無駄な質問しないでください。先生、それわかってるなら、私に質問しなくてもいいでしょ。手紙が残ってるんやから」

それは法廷という厳粛な場ではなく、街場で交わされるかの如《ごと》き乱雑な受け答えだった。

九月五日の〈第二十五回公判〉では、供述調書が検察官によって読み上げられた。そこでの千佐子の供述内容によれば、彼女は末廣さんとの交際時に『××インターナショナル』で投資をしていたが、そこで多額の損を出し、損を取り返そうとして泥沼にハマってしまったという。損をした金額は〇六年から〇七年末までに合計三億円ほど。〇七年十二月の段階で、千佐子の預貯金残高は百万円に満たなかった。そんな状況で彼女は末廣さんから数千万円の債務の返済を求められ、支払いを逃れるために、健康食品のカプセルに入れたシアンを飲ませたというもの。

ここで特筆に値するのは、平成二十七年（一五年）六月二十九日付の検察官調書の内容である。千佐子は末廣さんの子息に債務を返済したが、そこで次のような供述をしているのだ。

〈平成二十年（〇八年）二月に末廣さんの娘さんに手紙を送り、合計五千万円をお支払いすると約束しました。現実にはそんな大金はありませんでした。借りるあてもありませんでした。平成二十年五月、結婚したばかりの山口俊哉さんに毒のシアンを飲ませ、山口さんを殺しました。山口さんが死亡し、貯金や莫大な遺産を相続しました。これを出どころに計五千万円を返済しました〉（一部抜粋）

この裁判で初めて、起訴されていない人物への殺害に言及したのである。それはまさに、捜査で証明こそできなかったものの、千佐子の犯行が、罪に問われた四人の被害者以外にも及んでいた可能性を、検察側が匂わせた瞬間だった。

九月六日の〈第二十六回公判〉では、末廣さん事件の締めとなる中間論告と中間弁論が行われた。そこで検察側は、千佐子が金銭の返済を免れる目的で、末廣さんにシアン化合物を飲ませて毒殺を図り、傷害（全治不能の高次機能障害、視力障害）を負わせたとして、強盗殺人未遂罪が成立すると主張した。

一方の弁護側は、千佐子の自白は虚偽、作話、想像、勘違い、記憶のすり替え、思い込みなどによるものだとして、供述は信用できないと指摘。さらに捜査段階の調書には任意性、信用性がなく、本公判においても供述が二転三転するなど、現時点において訴訟能力がないとして無罪を主張した。

大事なものを金庫にまとめるよう仕向ける

四つの事件が争われるこの裁判で、いよいよ最後となる日置さん事件についての審理が九月十九日に始まった。〈第二十七回公判〉では、まず冒頭陳述と証人尋問が行われる。

検察側の冒頭陳述によれば、一二年十月頃に兵庫県伊丹市の日置稔さんと千佐子は結婚相談所の紹介で見合いをし、交際が始まった。なお、日置さんと内縁関係になった千佐子は、その最中の翌一三年六月頃に、京都府向日市の筧さんと見合いをして交際を始めている。

一三年八月十四日には、日置さんが千佐子に対し、これまでの事件で既出の健康食品の名を挙げ、「『△△』ありがとう」とのメールを送っていた。そして九月二日には、日置さんが「自分が死亡した場合、全財産を被告（千佐子）に遺贈する」との公正証書遺言を作成。九月十六日には千佐子が日置さんに対し、「九月十九日に会うときまでに、日置家の合鍵を作っておいて自分にわたしてほしい」や「日置家にある公正証書、通帳等は金庫に入れておいてほしい」と依頼するメールを送っている。

九月二十日、日置さんは前夜から日置家に泊まっていた千佐子とともに京都へ墓参りに出かけ、伊丹市に戻ってから一緒にファミレスへ行く。そして午後七時七分に、ファミレスの駐車場で日置さんが体調悪化したと、千佐子が一一九番通報する。七分後の十四分に救急隊が到着すると、日置さんは駐車場内に停めた千佐子の自家用車内で、意識不明の状態でいた。

そのまま病院へ救急搬送されるも、付き添っていた千佐子は日置さんに子供がいないと嘘を言い、「本人は末期の肺ガンで、蘇生措置はいらない」と主張した。日置さんは午後八時五十七分に死亡。その後、検視が行われたが、肺ガンによる病死扱いとなり、解剖や毒物検査はされなかった。

千佐子は九月二十一日に開錠業者に電話を入れ、二十四日に日置家の金庫を開錠。十月十五日には日置さんの遺産のうち八百万円を取得する。さらに同年十二月までには六百万円、翌一四年三月までに八十万円を取得し、最終取得額は一千五百万円以上となった。なお、日置さんの死亡から約一カ月半後の十一月一日に千佐子は筧さんと結婚している。

午後の証人尋問では、救急搬送を行った伊丹市消防局救急隊員二名が出廷し、うち一名が病院到着後の千佐子について、「病院の医師とやり取りをしており、医師が『人工呼吸器をつけるか』と聞いたら、『つけなくて良い』と言っていた。とくに慌てる様子もなく、落ち着いていた」と証言した。

九月二十日の〈第二十八回公判〉では、日置さんの救急治療をした医師、看護師、検視を行った兵庫県警警察官への証人尋問が行われた。そこで証人となった医師は、千佐子に親族について尋ねたことに触れ、「連絡する人は誰もいないと。子供も親戚もいないと言っていた」と説明。蘇生措置についても、「被告は『本人がそういうことは望まないと聞いている』と言っていた」と証言した。

九月二十一日に開かれた〈第二十九回公判〉では日置さんの肺ガンの主治医一名と、心臓疾患と脳疾患の専門医二名への証人尋問が行われた。主治医は日置さんの肺ガンについて、放射線治療によって一三年七月段階のCT検査では「ほぼ完治していたと判定して良いと思う」と証言。死亡三日前の受診時もとくだん変わった症状はなかったと語った。また、心臓疾患、脳疾患の専門医はともに、日置さんの死因として両疾患の可能性を否定した。

また、翌九月二十二日の〈第三十回公判〉では、証人尋問に法医学と中毒学の専門医が出廷し、日置さんの死因としてシアン中毒が考えられることを証言した。

九月二十五日の〈第三十一回公判〉では、日置さんの仕事仲間二名と、開錠業者への証人尋問、それに続いて証拠調べが行われた。

証拠調べでは日置さんと千佐子がやり取りしたメールが公開され、九月十六日に千佐子が日置さんに送ったメールには、カギと金庫についての指示があった。一部を抜粋する。

〈先日お話ししたこと確認お願いします。万が一のとき「夫婦です」と言っても、カギも持っていません。家にも入れないでしょう。夫婦と信じてもらえないでしょう。息子さんにも疑われるでしょう。カギをもらっても私は一人であなたの家に入るような女、人間ではありません。安心してカギをわたしてください。木曜日までにカギをわたしてください。もうひとつお願いがあります。公正証書とか私に見られたくない通帳はカギをかけて金庫に入れておいてね。その方が私も気楽ですから。京都行き楽しみにしています。墓前であなたの病気の回復をしっかりとお祈りしましょう。合掌〉

「また人殺せいうんですか？」

九月二十六日の〈第三十二回公判〉では、日置さん事件についての被告人質問が行われた。この日、弁護人からの質問に対し、千佐子は記憶力が減退しているとの主張を繰り返し、ことあるごとに「大阪の病院で脳の検査を受けた話」を持ち出す。一方で彼女は、日置さんが病弱だったことについては強調し、弁護人からどこが弱かったか尋ねられると、「ガンとかの経歴がありました。病気をすごくしてました」と明瞭に答えている。さらにその後のやり取りは次のような具合だ。

弁護人「『××』（日置さんが倒れたファミレス）に行ったとき、一一九番通報したことはある？」
千佐子「前にも聞かれましたけど、はっきり憶えてません」
弁護人「思い当たるふしは？」
千佐子「言われたら『あっ、そうか』となるけど、自分からは確実に言えない。先生、知ってはるんでしょ？」
弁護人「誰が倒れたんですか？」
千佐子「憶えてません。なにかこういうこと、あったなと……」

その後、検察官による質問に変わってからも、一部でカプセルに入れた毒を日置さんに飲ませたことは認めるものの、犯行理由について問われると、筧さん事件以降、すべての事件で口にした「差別された」という内容を持ち出す。
とはいえ、質問の終わり間際に、検察官とのあいだで興味深いやり取りもあった。

検察官「いつ日置さんを殺そうと思った？」
千佐子「先生、それ憶えているくらいやったら、こんな合わないことしませんよ」
検察官「お見合いをしたときから殺害しようと思っていたの？」
千佐子「先生、私そんなひどい女に見えますか？　そんな考えないです」
検察官「あなたの周囲では起訴された四人以外も何人か死んでる。警察に聞かれたことないですか？」
千佐子「私、まったく思い浮かばない」
検察官「他にも木内（義雄）さん、宮田（靖）さんなどの名前が出ているが……」
千佐子「お付き合いはしましたけどね。その人たちは私と付き合う前から不治の病を持ってて、まったく関係ありません」
検察官「四人以外に、何人も殺しているわけではないということですか？」
千佐子「ないです。宮田さんも付き合う前からガンで、すでに死の宣告をお医者さんから言われてますから。それはお子さんとかも知ってます。そんな、なんでもやってるわけやない。私はこういう性格やから、違うことは違うと言います」
検察官「どうしたら四人の事件を防げましたか？」
千佐子「先生、教えてください。わかりません」
検察官「ご遺族に対してはどう思う？」
千佐子「一日も早く死刑にしてください。それだけです」
検察官「ご遺族に慰謝料を支払うという考えは？」
千佐子「（沈黙）……私は年金生活者です。そんなカネありますか？　また人殺せいうんですか？　極論ですけど」

認めては否定する。それを繰り返す千佐子は、その後の弁護人による質問では、ふたたび自身の犯行への関与に疑問を呈した。

「私ね、日置さんを殺して、嫌な言い方ですけど、メリットがないです。その当時からいまでも、日置さんを殺したイメージがないし、そんな恨みないし……。いまだに（供述調書に犯行を認める）ハンコ押したことに合点がいってないです。なにかわからへんままに、流されていってるという感じですね」

また、被告人質問で苛立ちを露わにすることが常態化していたが、今回はそれが裁判員に対しても向けられた。

裁判員「反省はしているんですか？」

千佐子「反省してるとか、してないの問題じゃないでしょ。そんな少女ドラマのようなこと言わないですよ。あなたのような若い人にそこまで言われたくない。私はあなたのお母さん、おばあさんの歳ですよ。失礼です」

ここでは一例のみを取り上げたが、この日、千佐子は三人の女性裁判員の質問に対して、「失礼です」と語気を強めて言い返した。

被告人質問の締めくくりとして、裁判長が千佐子に対し、「あなたはいま接見禁止が解けています。ご遺族に手紙を送るとかはしないのですか？」と質問した。

「手紙を出せるとか、そんなこと初めて知りました」

すでに知人に手紙を出しているはずの千佐子は、最後に平然とした顔で嘘をついた。

九月二十八日の〈第三十三回公判〉では、検察官による供述調書の読み上げが行われた。そこで千佐子は殺害理由について〈それはとにかくおカネが必要だったからです〉と述べ、公正証書遺言を作成した段階で殺害を考えていたことを認めている。

十月二日の〈第三十四回公判〉では、日置さん事件についての中間論告と中間弁論が行われた。検察側は千佐子が遺産目当てで日置さんにシアン化合物を飲ませて毒殺したことは明らかであり、責任能力にも問題はないと主張。一方で弁護側は、シアンが検出されたという証拠がなく、シアン中毒の特徴的所見が認められないと指摘する。さらに病死の可能性は否定できず、他殺であることは証明されていないことや、捜査段階の調書には任意性、信用性がなく、事件当時の責任能力と現時点の訴訟能力もないとして無罪を主張した。

呪詛を唱え続けた千佐子の最後の言葉

十月五日の〈第三十五回公判〉では、四つの事件の遺族による意見陳述が行われた。法廷で陳述した筧さんの妹は、「兄は被告を信じ切っていたのだと思う。被告は虫を殺すかのように兄を殺したのだろう。被告は兄について『静かに亡くなった』と言ったが、絶対に苦しかったに違いない」と口にして、「被告には最も重い刑罰を与えてほしい」と訴えた。

また裁判長の代読で、本田さんの兄は「なんの落ち度もない弟を殺害した極悪非道な女を許すことはできない」として、千佐子に「一日も早くこの世から消えてくれることを望む」と怒りをぶつけた。さらに、末廣さんの長女は「最も重い刑が妥当ではないかと考える」、日置さんの長男は「被告には極刑が下されることを望む」と、いずれも極めて厳しい遺族感情を表明した。

十月十日の〈第三十六回公判〉は検察側による最終論告だった。この日、千佐子の服装は、これまでの暗色系のものではなく、明るい黄緑色のTシャツに、灰色にチェック柄の入った膝下ズボンだった。

検察官が事件の内容、弁護側の主張に対する検討、刑の重さを決めるための事情などを読み上げるなか、千佐子は口元に手を当て、同じ姿勢を崩さない。法廷には「生命軽視は甚だしい」や「殺害手口は巧妙で卑劣」といった強い言葉が響く。やがて締めくくりとして、「極刑を排除する特別な理由はない」との言葉に続き、「まれにみる凶悪、重大な事件であり、極刑が認められる。みずからの命をもって償わせるほかはない。死刑を言いわたすべきものだ」との文言で死刑を求刑した。

千佐子はその言葉を両腕を組んで聞いていたが、とくに表情に変化はなかった。そして、裁判長が閉廷を告げると、彼女は無表情なまま、傍聴席に一礼して法廷を出たのだった。

これをもって結審する十月十一日の〈第三十七回公判〉では、最終弁論が行われた。

入廷した千佐子のシャツは、前日とは異なり黒いTシャツという姿。弁護人がシアン中毒への疑問に始まり、他の死因の可能性など、検察側の主張に対する疑問を並べていく。千佐子は無表情なまま、指を組み弁護人に目をやっていた。午前十時三十分に始まった最終弁論は、昼の休憩を挟んで弁護人が、「最後に、千佐子さんは無罪です。これで終わります」と言い切って終了する午後三時十五分まで続いた。

そして休廷後の午後三時三十分、最終意見陳述として、千佐子が証言台に呼ばれた。だがここで、千佐子は手に持っていたＡ４大の紙を、抑揚なく読み上げるに留めた。

「すべて弁護士に任せてあり、私から言うことはありません。以上です」

それは、これまで法廷で呪詛《じゅそ》を唱え続けてきた千佐子の最後の言葉としては、あまりにもあっけないものだった。

第七章　面会室にて

「死刑判決を受けたやんか。いつ頃執行されるの？」

やっとこの日が訪れた。

一四年三月に取材を始めて以降、願い続けていたことが叶《かな》ったのは、一七年十一月九日のことだった。

そのとき、千佐子は赤いセーターを着て私の目の前に現れた。私と彼女のあいだは、透明のアクリル板で仕切られている。

京都拘置所の面会室。これまで私は幾度も拘置所を訪ねていたが、最初は接見禁止によって、途中からは先方の面会拒否によって、彼女と言葉を交わすことはできなかった。だが、重い扉がようやく開かれたのだ。

挨拶に続き、私は自分が北九州市の出身であることを伝えた。

「そうなん？　いやあ、懐かしいわあ。もうね、私にとっていちばん幸せやったのが、高校時代やったから。もうそれを思い出しただけで……」

そう口にすると彼女は目を潤ませた。近くで見ると白髪は予想以上に多く、伸びた眉毛が左右両側に垂れていた。

千佐子に死刑判決が下ったのはこの二日前。即日控訴をしており、これから先は、大阪高裁で裁判が行われる予定だ。そのため、しばらくは京都拘置所に身柄を置かれ、やがて大阪拘置所に移送されることが予想される。

私は目の前の千佐子に、事件取材を仕事とする自分は、これまで多くの殺人事件の被告と会っており、今後の裁判の流れなどについても知っているので、なにか知りたいことがあれば、遠慮なく尋ねてほしいと伝えた。

「はい、質問」

すると千佐子は、法廷でもよく使っている言い回しで声を上げた。

「私な、死刑判決を受けたやんか。いつ頃執行されるの？」

死刑を言いわたされていても、みずから「死刑」という言葉を使う被告は少ないため、直接的な質問をいきなりされたことに驚く。

「まだまだ先ですよ」

慌てた私が口にすると、「具体的には？」と質問を継ぐ。

「いやいや、高裁や最高裁がまだあるでしょ。刑の確定までに二年近くかかると思いますよ。しかも、確定したってすぐに執行されるわけじゃないです。私が会った死刑囚も、みんな確定してから少なくとも六年以上経ってますけど、誰も刑は執行されていませんしするとと千佐子はすぐに言った。

「私いま七十でしょう。七十五まで生きられるんかなあ？」

私は「そら生きてるでしょう」と希望を持たせる言葉を返す。そして、「でも、そんなに時期が気になりますか？」と訊いた。

「いや、私は死刑は覚悟してるから。いつ執行されても仕方ないと思ってる」

その場では言い切った。だが、それから話を続けているうちに、彼女は「やっぱり私も人間やからね」と前置きして、「そら生きられるなら、生きていたいと思うわ」と、先ほどまでの言葉を打ち消すのだった。

取材者と伝えているとはいえ、事件についての話は、彼女との信頼関係が構築されるまでは我慢しようと考えていた私は、どういう男性がタイプなのかという話を振ってみた。

「俳優でいったら、やっぱり北九州の人間やし、私の高校の先輩でもある高倉健さんみたいな人がタイプやな」

そうこうするうちに、やがて面会時間も終了に近づいたので、私は翌日また面会に来ることを伝え、差し入れをするために食べ物の好みを尋ねた。

「好き嫌いはないな。あえて言えばニンニクだけが苦手なんよ。甘い物が好きやから、お菓子とかはよく買うてるなあ」

「わかりました。じゃあ甘いお菓子を差し入れるようにしますね」

そう言うと、千佐子はにっこり笑い、「もう先生な、無理せんでええから。けど、うれしいわ」と意思表示する。

面会時間の終了が告げられ、「ほなまた明日」と刑務官に挟まれて面会室を出る直前、彼女はこちらを二度振り返って、頭を下げたのだった。

翌日、ふたたび京都拘置所を訪ねた。連続して会ってくれるか一抹の不安もあったが、面会を告げる放送で、自分の持つ札の番号が呼ばれたことで安心した。

先に面会室に入って待っていると、アクリル板の向こうにある扉が開き、部屋に入ってきた千佐子と目が合う。彼女はすぐに笑顔を浮かべた。

今日は白地に黒い小さな柄が入ったハイネックの長袖シャツを着ている。「昨日は赤いセーターだったし、なかなかお洒落ですね」と口にすると、「もともと服は好きで、いろいろ買うてたんよ。けど、ここに来てからはお洒落しても仕方ないからな。あるものを着てるだけやがな」と自嘲気味にこぼす。

「昔は洋服を買いに小倉とかにも行ってたんじゃないですか？　井筒屋とか玉屋（現在閉店）とかありましたもんね」

私が彼女の故郷である北九州市の小倉にある百貨店の名前を挙げると、千佐子は目を輝かせた。

「その名前、懐かしいなあ。たまに小倉には行ってたわ」

「路面電車で？」

「そうそう。いやあ、いまだにあの頃の景色を憶えてるわ」

千佐子の目に涙が浮かぶ。

「いやほんと、懐かしい故郷の話をしてたら、涙が出てくるわ」

指先で目元を拭う。

しばらく故郷の話を続けたあとで、私が最近の体調について尋ねると、彼女は答えた。

「私なあ、すごく目がいいのよ。そんでこうやって見てると、相手の心が見えるの。なにを考えてるやろうかって」

そう言ってこちらの心のうちを確かめるかのように視線を合わせてくる。

「ほんでな、目もいいし、胃も丈夫なんやけど、肺だけが悪いんや。子供のときから肺炎を起こしたりしてて、よう熱を出してたの。ただな、拘置所で生活するようになったやろ。そうしたらここは社会とは遮断されとるから風邪の菌がないねん。だから、いっぺんも風邪ひかんようになったわ」

続けて千佐子は「そういえば先生……」との言葉に続いて切り出した。

「これ憶えといてね。私って健康体やろ。だから私な、死刑になる前に、私の身体のなかで目とか胃とかのいい部分をな、全部取って提供したいねん。そうやって社会の役に立ちたいと思ってる。先生、ほんまこの話、忘れんといてな」

現実的にそのようなことが不可能であることはわかっているが、水を差すようなことは避け、ただ頷《うなず》き返す。

「そういえば千佐子さんって、産みの親と育ての親が別だったんですか？　裁判で知って驚きました」

事件にはまだ触れない代わりに、千佐子の生い立ちに関わる情報を得るため、私は問いかけた。すると彼女は「そうなんよ」と身を乗り出した。

「ずっと育ての親が両親やと思ってきたんやけどな、私が結婚して大阪に来てすぐに、実母やいう人から手紙が来たんよ。長崎の人でな、私を産んだけど養子に出したって」

千佐子の説明によれば、長崎市内に住む実母は未婚で出産をしたが、外聞が良くないということで、すぐに乳飲み子だった彼女を養子に出したのだという。

「その手紙を読んでからな、私は長崎の実母に『犬や猫でも自分の子供を育てるのに、あなたは犬猫以下ですね』ていう手紙を送ったんよ。育ての親への義理があるから、一切向こうには行かへんかったし、会おうとも思わんかった」

やがて千佐子のもとに実母が亡くなったとの連絡が入ったそうだ。

「私の子供が高三くらいのときに、いとこから連絡を貰って、それで初めて長崎に行ったんやわ。そこには二人の腹違い（父親違い）の弟がおってな、上の方は私が遺産目当てで来たと思ったらしくて、なんでいまさら来たみたいな顔してたわ。それで下の方が良くしてくれて、まあ、挨拶だけはしてきたんよ。ただ、上の方に嫌な思いをさせられたから、それ以来、長崎には行ってない」

案内された彼女の生家の家屋は立派だったそうだが、実母が亡くなった家は生活が豊かではないことがわかる家屋だったらしい。

「もともとの家は戦前に国の役人さんとかが泊まってたような大きな家なんやけどな、そこから無理やり縁談で外に出された実母の家はみすぼらしかったわ。経済的に恵まれんかったんやと思うわ」

千佐子の口調からは、実母に対する思慕は感じられない。実際、彼女は「まあ私の親いうたら、育ての親の方やわ」と口にした。

人が死ぬミステリー小説は「怖いから苦手」

次の面会はそれから十日後の十一月二十日だった。

その日、私が千佐子に「お子さんは面会に来てくれてるんですか？」と尋ねたところ、彼女は顔を歪《ゆが》めた。

「先生、その話はもうせんといて。私がこんなダメな親やろ。子供に合わす顔ないから。子供らにしても、私みたいなんとは関わりたくないと思うわ」

そして涙を浮かべる。だがその姿に違和感を覚えた。というのも、彼女が語るのはすべて自分を中心に置いた事柄についてのみだからだ。裁判においてもそうだったが、千佐子が被害者に対して明確な謝罪を口にしたことはなかった。ここでも、子供に合わす顔がないと話しながら、子供に対する謝罪はない。あくまでも自分がどういった気持ちになるということを語っているに過ぎないのである。

面会時間の終わり間際、本を差し入れるので、どのようなジャンルのものが好みか尋ねた私に千佐子は言った。

「もう本はなんでも好きやで。だからどういうのでもいいわ。ただ、ミステリーとかで人が死んだりするやつはやめてな。そんなんは怖いから苦手やねん」

……ブラックジョークかと思った。だが、彼女は真顔だった。

十一月二十一日、千佐子に本を三冊差し入れた。江國香織が二冊と林真理子が一冊。

と口にする。

私が著者名を挙げると、千佐子は「女の作家ばっかりやな。最近の恋愛ものやろうな」と口にする。

この日の千佐子は、自分がいかに犬好きかという話題に終始した。

「小さい頃からうちで犬を飼ってたんや。子供のときに飼ってた犬は『エス』いう名前やった。もうずーっと犬は飼い続けてるから。それで、事件で逮捕される前まで飼ってたのは、前進いう意味のアドバンスを縮めた『アド』ちゃん言うんよ。四歳のシーズー。自分が逮捕されそうとわかって、まずした心配が犬のことやった。子供らはそれぞれ（結婚）相手がいるから心配いらんやろ。子供より犬のことを心配してたから」

そこで私は、「どうして逮捕されるってわかったんですか？」と質問した。

「知り合いの弁護士に相談してたんよ。それで自分が逮捕されるとわかった。弁護士が犬の引き取り先を募集してくれて……血統書付きのいい犬やったからね。もう、こーんなに応募が来た」

千佐子は腕を大きく広げる。

「それで私はそのなかから、遠くにいる人にやることにしたの。やっぱり近くだと会いたくなるやないの。犬をあげたのは京都の人。もう、抱きかかえて連れて行ったわ」

本文では割愛しているが、逮捕前に記者に囲まれて筧さん事件について語った際に、

「いずれは京都に住むつもりだった」と口にしたことを忘れているのだろう。彼女にとって「京都」は「遠い」場所だったのだ。千佐子は続ける。

「犬はいいわ。散歩に連れて行くから運動にもなるし、夜に一人で散歩するのは危ないけど、犬を連れとったら平気やろ」

自分に従順な存在である飼い犬への愛情について、千佐子はその後もたびたび話に取り上げた。その際に比較する対象としていつも「子供ら」と、自身の長男と長女を持ち出した。そのことにはどんな意味が含まれているのだろうと、つい考えてしまう。

さらに、「子供ら」以外にも、千佐子が比較の対象として取り上げた人物がいた。ふとした話題のなかで、彼女が結婚して大阪に出てきたことに触れたときのことだ。千佐子は次のようにぼやいた。

「反対されとったのに、それを押し切って結婚して大阪に来たのが、人生の失敗やわ。それでバチが当たったんやと思う」

そのときはただ聞き流したが、気になっていた私は、翌日に面会した際、「昨日、大阪行きが失敗と話してましたけど……」と、ふたたび話題にした。

「ほんま、もう両方（の実家）にすごい反対されたんよ。正一さんは矢野家の末っ子。長男はあかんたれで博打《ばくち》にハマって家を出され、次男が財布も実権も握ってたけど、この人が意地悪なんやわ。次男の嫁も意地悪で、私は正一さんをかわいそうに思ってたわ。ただ私、犬好きやろ。正一さんは気ぃも弱いし、犬みたいで放っとかれんかったんですわ」

そう、彼女は最初の夫についても、犬と比較していたのである。

ちなみに、千佐子は矢野家の本家に対して悪態をつくが、これはあくまでも彼女の主観であり、本人のフィルターを通してそう見えていたということに過ぎない。なにより、千佐子が正一さんのもとへ嫁いだ際、夫婦が住む新居は矢野家の本家が購入してくれたものだった。だが、それでも千佐子の悪態は止まらない。

「昔の田舎の家はそういうもの。ほんでな、正一さんは本家の次男がやってる運送会社に勤めてたんやけどな、給料が安くて稼げんかったから、プリントの仕事を始めたんよ」

ここで千佐子が矢野プリントの話を持ち出したため、私はそこの従業員だった清水玲子さん（仮名）の名前を出した。裁判のなかで、千佐子が清水さんに百万円単位の借金をしていたことが明らかになっていたからだ。千佐子は法廷で清水さんについて「親友」と口にしている。

「清水さんとは会社（矢野プリント）をやめてからも付き合いがあった。おカネは借りたけど、私はもう返済してる」

　そこで私は清水さんと同じく、千佐子が借金をした人物として裁判で取り上げられた又賀友里恵さん（仮名）の名前を挙げた。すると彼女は即答する。

「又賀さんにも借金あったけど、それも全部返してる」

　又賀さんというのは、千佐子の高校時代の先輩で、同じ銀行に勤めていた。先に関西地方に嫁いでいたため、千佐子が大阪に嫁いでからも付き合いのあった女性だ。私は清水さんへの借金についての詳しい情報は持っていないが、又賀さんに対するものは、少しだけ話を聞いていた。それは逮捕される直前の一四年夏、千佐子は長年の友人である又賀さんに投資話を持ちかけ、大手証券会社の名前を挙げて、一千万円を出させたというもの。当然ながら、そのカネは返済されていない。つまり千佐子は、目の前の私に対して嘘をついていることになる。

　私は「そうなんですね」とだけ話して、話題を切り上げた。

十二日間に届いた六通の葉書と一通の封書

　千佐子との面会を終えて東京に戻った私を待っていたのは、彼女からの速達葉書だった。そこで千佐子は、この手紙の前に私宛にお礼の手紙を出したのだが、住所を間違って返送されたことに触れ、〈はずかしい……シューン。おっちょこちょいですね〉と書いていた。それからまた近くに来た際には立ち寄ってほしい旨が記され、〈その時はお気づかいなく。手ブラでおねがいしま〜す〉とあるのだが、そのあとに〈私、甘党なのでアンパン一個でも感激します〉と続くのだった。

最初の手紙を受け取って十二日後に次の面会に行くまでのあいだ、千佐子からは六通の葉書と一通の封書が届いた。

千佐子の誕生日である十一月二十八日に書かれた手紙には〈本日28日はマイ・バースディです。何才か？　聞かないで下さい（内緒）〉とあった。さらに〈今わかったことですが、おバンになったと口では言ってますが、本心は全く若い時と変わってませんネ……五体は年相応におとろえているのに、気持ちは、心は、全く変わっていませんものネ。心と体は別ですネ〉と書いている。

また封書で送ってきた手紙では、私が本を差し入れたことへ感謝の言葉を連ねながら、次のようにも書いていた。〈私はいずれ死刑になるでしょう。私の荷物を子供が「受けとらない」と断るやもしれません。もし受け取ってくれたら「おかん、こんな良い本ばかり読んでたんや」と改めて思ってくれるでしょう。その時、あの世で（天国？　地獄？　どっちかな？）私はニヤッとほくそえむでしょうネ〉

面会に行けないあいだ、私は彼女が好きな小型犬の写真の入った絵葉書を送っていた。それに対するお礼の手紙もあった。そこでは弱音も見せている。〈今日、は、何か、落ちこんで、気力がなくなっていましたので「ハッ」とさせられました。「死」「あしたがいらない」とか……考え込んでいましたので、ハッとさせられました。（中略）私の好きなワンちゃんと小野一光先生に「こら、しっかりせんかいな」と言われてる気になりました。わがまま申してすみません。お会いしたいです。ごめんなさい　ごめんなさい　ごめんなさい　謝々謝々〉

ぽろぽろとこぼれる嘘と矛盾

「先生、やっと来てくれましたね」

十二日ぶり、六回目の面会では、千佐子は私の顔を見るなりそう言って笑顔を見せた。雑談に続いて、話題は千佐子と矢野さんとのなれそめになった。千佐子は友人たちと、矢野さんは農協関係者との旅行中に、鹿児島県の桜島で出会った際の話だ。

「矢野と会ったときは、向こうは農協の妻帯者ばかり。私は銀行の女性と高校からの女友達と四、五人でいたときやったね」

この出会いによって、二人は文通をするようになったと、私はすでに別の取材で聞いていた。そのことを口にすると、千佐子は「そうそう。先生、よう知ってんなあ」と頷いた。

「手紙のやり取りで、貝塚は田舎だということは知ってたんよ。母からは『そんなとこに嫁いだら泣いて帰ってくることになるよ』と言われたんやけど、ほんまその通りになったわ。向こうの本家や親戚にバーッと責められたから。うちの夫はおとなしい人やった」

そこで私は、「千佐子さんにとって、正一さんが初めての男の人？」と質問した。

「もちろん初めての相手よ。それまで、高校時代に軽く付き合ったりはあったけど、男女のいうんは夫が初めて」

千佐子は照れるでもなく語った。私は「うん、うん」と相槌《あいづち》を打つ。

「うちの近所にプリントの仕事をやってるところがあってな、そこを夫が手伝うようになったんよ。それで、そこの人から独立したら仕事をまわすと言われたんよ。それで私も、このままではしょうがないと、独立することを勧めた。うちに工場を建てる土地はあったからね。その会社の人もそこはわかって誘ったんやと思うわ。で、××銀行（実名）に土地を担保にして二千万円くらい借りて、工場を建てたわけ。仕事自体はあって、売り上げもあったんやけど、最初の借金の返済がネックになったな。結局、土地も建物も全部取られてパーになった。借金はその担保で返済したんやけどな」

この発言には疑問符がつく。一連の公判のなかでは、矢野さん死亡時の保険金二千万円で借金を返済したとの文言がある。担保とは別の話だ。しかし、千佐子のなかでは工場を建てた段階の借金が、すべての間違いの始まりにしたいとの思いがあるのだろう。

翌十二月五日の面会では、彼女にいつ頃から結婚相談所に行くようになったのか尋ねた。

「先生、それは夫が死んでからですやん」

当然という顔で答える千佐子に私は質問を重ねる。

「でもどうして結婚相談所に行こうって思ったんです？」

「夫が死んで、工場で男手が足りないやないですか。夫は商品の配送とかをしてましたから。私は色の調合をしてました。絵が得意やから。夫は調合はできへんかった」

ただ、この回答にも矛盾がある。彼女は男手が足りないということで結婚相談所に行ったというが、その工場がある場所は、死んだ夫の本家が買い与えた土地に建てられたものである。また、仮に相手が入り婿になることを承諾したとしても、当然そのような家に住むことには抵抗があるだろう。

千佐子はその話題にはあまり触れられたくないと思ったのか、間髪を容《い》れず本家が意地悪だったとの話を始めた。

「本当に兄嫁には意地悪されたんよ。それである日、私は夫に言ったことがある。『あのね、もし日本国憲法で憎い人を一人だけ殺してよかったら、私はもう誰を殺すか決めてる』て、そこまで話したら、夫は『もうわかってるから』って……」

「それは兄嫁のことですか？」

「そう。それくらいひどい扱いを受けた。うちの子供たちも差別されてたからね」

ここで出てきた「差別」という言葉は、筧さん事件で千佐子が語ってきた動機と重なる。いや、のちの筧さん事件の動機として、この恨みを重ねたというべきだろうか。私は尋ねる。

「投資とかでおカネを稼ごうとしたのは、本家を見返すため？」

「そうですよ。おカネを稼いで、後ろ指をさされないようにしたかったから」

「投資っていつから？」

「それはあれですよ……××インターナショナルが来てから。それまではやってません」

千佐子はそこでまた、嘘をついた。

追及を遮断する「暗い目」

翌日、十二月六日には、最初の雑談でこちらから犬の話を持ち出した。

「私自身が戌年《いぬどし》やからな。もう大好きやね。自分の子供の名前忘れても、飼ってた犬の名前は憶えてるわ」

朗らかな様子で千佐子は言う。私は彼女との面会において、最初の数分間は楽しい話、途中であまり楽しくない話、最後の五分間でまた楽しい話というふうに時間を組み立てるよう心がけていた。なにしろ、千佐子がもう会わないと面会を拒絶した時点で、終わってしまう関係なのである。彼女が口にする嘘についても深く追及しないのは、そうした理由からだ。そして今日から私は、千佐子が罪に問われなかった、過去に交際した男たちについての話に踏み込もうと考えていた。

私は切り出す。

「ところで千佐子さん、見合いで最初に付き合ったのって、北山（義人）さんだっけ？」

すると千佐子は「その通り」との意思表示で手を叩いた。

「先生、よう知ってんなあ。北山さん。あの人がいちばんおカネ持っとったわ」

私はあえて敬語を使わずに話しかける。

「たしかマンション買って貰ったんやろ、××（地名）に？」

「そうよ。あの人は肺ガンとか肺のなんとかで、自分の死期がわかっとったんよね。それで、私一人を残すのがかわいそうやって言って、生前にマンションを私名義にしてくれてたんよ。それからおカネもなんぼかわたしてくれたしね」

「どうやって知り合ったの？」

「私の知り合いが、すごくいい人やから私に紹介したいって」

「いい人やった？」

「いい男やし、優しいし。あと、おカネも持ってるやろ。私が付き合った人のなかでいちばん良かった」

「結婚はしなかったよね？」

「そこよぉ。あの人は娘さんがおったからね。自分が死んだあとで、私と娘さんが揉めないように、籍は入れんかったのよ」

「現金っていくら持たされたの？」

「ん千万やったね。あの人は土地もいっぱい持ってるから。私にマンションの一部屋あげるくらい、なんていうこともなかった」

「マンションって億ションって話だよね？」

「いや、そこまではせんかったんちゃうかなあ」

「宮田（靖）さんとどっちがカネ持ち？」

「宮田さんよりは北山さんやろうなあ」

千佐子は裁判では宮田さんについて「あの人がいちばん良かった」と証言していた。ちなみに、公判中に北山さんの名前は一度も出ていない。また、周辺取材で北山さんが千佐子にマンションを贈与したことについて、客観的な裏付けが取れていなかったが、本人があっさり認めたことで、事実だったことが証明された。

この日、私が今週あと二回来たら、次回面会に来られるのは再来週くらいだと伝えると、千佐子はすぐに反応した。

「そんなに間が空くと、私、カーッと（自分の首を絞める真似をして）死んでるかもしれんよ」

私が笑いながら、「そんなことないです」と言うと、千佐子も目が笑ったまま返してくる。

「私は健康やから、死にたいけど死ねへん。自殺も怖くてでけへんし。死んだら子供たちも喜ぶんやろうけどな。ああ、やっと死んでくれたって……」

そう話しながら立ち上がった千佐子は、面会室を出る前にこちらを二度振り返り、二度目は廊下から顔だけをこちらに向けて手を振った。

翌十二月七日、雑談に続いて昨日していた北山さんの話題にふたたび触れた。

「北山さんのマンションはすぐに売ったんよ。娘さんにガラス張りやからね。揉めたくなかったから」

これはつまり、北山さんの資産については娘が管理しているため、あとになって返還を求められないように、早々に売り払ったという意味だろう。

「(北山さんの)葬儀は行ったよ。でも全然おカネのことでは揉めてないわ」

千佐子は念を押す。

続いて私は笹井(幸則)さんの名前を出した。千佐子は最初は誰だかわからないようだったが、私が「ほら、あの淡路島の」と説明すると、「ああ、ああ」と理解し、続けた。

「書いた紙がないから、誰といつはわからへんけど、でも、あそこはすごい田舎やったでしょ。私はここではやっていけへんと思った」

「でも一時は住んでたでしょ?」

「あの人には娘がいて、嫁に出てるんよ。あの人が生きてるうちは守ってくれるからいいけど、私一人になったら無理。淡路島は島やからね、すごいド田舎でしょ」

「笹井さんは牛舎で倒れてたんでしょ?」

「そうそう……」

そう言う千佐子は腕組みをして、なにやら暗い目をする。それはもうこれ以上、このことは話してくれるなという目だ。

「まあどっちにしろ、生活のためとはいえ、あそこで暮らしていくつもりはなかったわ」

残り時間が五分となったとき、この日も来週は面会に来られないとの話をすると、千佐子は「もう私、死刑になっとるかもよ。早く死にたいから」と冗談めかして言うのだった。

十回目の面会となる十二月八日。千佐子が今週は月曜日から金曜日まで、五日連続で同じ灰色がかったクリーム色のセーターを着ていたことに気付く。しかし、それには触れずに胸のうちに留める。ふたたび雑談に続いて北山さんの話題を切り出した。

「北山さんは背が高くてちょっと太ったいい男。優しいしね。おカネにも無頓着で、分厚い財布をテーブルの上に置いて、要る分だけ取っていいって感じやったわ。思えば私の人生でいちばんいいときやね」

「なら、笹井さんは？」

「笹井さんは背が低くて、よく働く人。きっちりしてる人。娘がいて嫁いでいた。あと、おばあちゃん（笹井さんの母）がいた」

「北山さんからの違いは？」

「あったよぉー。そら、あんな街なかから田舎へやからな」

「笹井さんからおカネは？」

「生活する分しか貰ってない。おカネは向こうが管理してるからね」

「で、その次が宮田さんだったと？」

「あの人はおカネ持ってたな。いちばんが北山さんで、その次。あの人もおカネにはあまり頓着せんかった……」

千佐子はそれからも宮田さんの話をしたが、北山さんのエピソードとして話していたものが混在する。そこで私は彼女に、自分が書く本で使いたいから北山さん、笹井さん、宮田さんについて憶えているエピソードを、手紙に書いて送ってほしいと頼んだのだった。

千佐子からの〝恋文〟

東京に戻ったときには、千佐子からすでに二通の手紙が届いていた。それから次の面会までにさらに二通が送られてきた。

千佐子の手紙には、まるで〝恋文〟のような言葉が多用される。それに加え、たとえば〈人恋しいです。お会いしたいです（本心で）〉と書かれた葉書では、黒いペン文字に加えて〈人恋しい〉の文字の横には赤い傍線が引かれ、〈お会いしたい〉の文字は赤く囲まれ、〈（本心で）〉の横には赤い傍点が振られている。

また別の手紙ではこのような言葉もあった。赤く囲まれた〈お会いしたいのです〉との文字に続いて、〈とじこめられた場所にいるので人恋しいのです。こんな処（？　シューン）にいるのに、こんな出会い（？　？）があるなんて夢のようです（夢ならさめないで）。自分がおかした罪が消しゴムで消したいです（夢のようなこと言ってスミマセン）。だからといって死ぬ勇気もないダメ女です（シューン2回目ですね）〉とある。

この手紙では幾度も私に会いたいと記したうえで、最後は〈どこでくらしても、女ですもの。女ですもの……〉と締められている。それは彼女がみずから現役の〝女〟であることを強調した文面だった。

さらに別の手紙では、またもや「死刑」について触れている。

〈私はそのうち、死刑（？　シューン）になって小野先生より先にあの世の住民に（先住民）なっておりますので、その時にお会いして御礼と、たくさん、いっぱい、お話したいです。それまでお話しして下さい。謝々　スミマセン……〉

ここでは「死刑」というシリアスな単語に、ユーモラスに落ち込みを表現する「シューン」が続いたり、自己の死を表す「あの世の住民に」という表記に加えて「(先住民)」との補足を加えるなど、理解し難い点も少なくない。だが、すべての手紙を通していえることは、千佐子が私に面会にやってきてほしいという主張をしていることだ。

彼女は、私に向かって秋波を送ることで、なにを望んでいるのだろうか。

毒の話題に感情を昂らせる

十一回目の面会をしたのは十二月十九日のことだ。最初の雑談を交わすと、犬の話になって涙を流す。「もう子供の話では泣かへんけど、犬の話になったらすぐに涙が出るわ」と話したそばから、「子供の話は思い出さんようにしてる。考えると落ち込むし」との言葉が出てくる。

この日、私は千佐子が高校時代に仲の良かった吉村秀美さん(仮名)の名前を出した。

「先生、ほんまによう知ってんなあ、すごい調べてるわ。そう。あの人がいちばんの親友。よく互いの家に行ったり、旅行に行ったりしてた。私が北九州に行ったときも彼女の家に泊めて貰ったりとかな……。吉村さんとはクラスが同じで、苗字が「や」と「よ」で並んどるやろ。それで仲良くなったんよ」

そして千佐子は続ける。

「あの人がなんか事業で失敗したときに、一千万か二千万か、私がおカネを貸したんよ。あのときは私もおカネを持っとったからな」

「そのおカネは？」

「私は人におカネを出すときは、返してもらおうとは思ってないから。ほかにもあったわ。私がおカネを持ってるのをどこで聞きつけたのか、いろんな人が助けてほしいってやってきた。それでもう、これまでになんぼおカネを出したか。やっぱ困ってる人を放っておけんやろ」

私は千佐子に「今日もまた付き合った相手について聞くね」と前置きして、「松原市の山口俊哉さん、憶えてる？」と尋ねた。

「ああ、おったなあ。あの人は土地をいっぱい持っとった。けど、ケチやったよ。私はなんにも貰ってない。おカネがある人のほうがケチやね」

山口さんについてはこれまでに書いている通り、千佐子が土地を受け継いで名義変更を行っている。また、末廣さんの親族らに約四千九百万円もの返済をした際の原資となったのは、彼の遺産だとされている。だが、私はそれに触れることなく続けた。

「じゃあ、大仁田（隆之）さんは？」

「あの人は商売やっとったやろ。商売をやってる人は、事業資金やらなんやらで、自由にできるおカネはないねん。ただ……」

「ただ?」

「私が付き合った人はみんなおカネ持ちやったわ」

「たとえば末廣さんとか日置さんは?」

「ああ、あの人らはそんなになかった。けど、逆におカネがないけどケチやなかったよ」

翌十二月二十日、前日に続いて私は千佐子に木内義雄さんの名前を出した。造園業をやっていた木内さんについての情報を、私はほとんど持っていない。

「え? 木内さん? どんな人やったかな」

千佐子はすぐには思い出せないようだ。それで私は堺市にある彼が住んでいたマンションの特徴を話した。

「ああ、おったねえ。でもあの人は普通の人。おカネ持ちというわけでなく、ハンサムというわけでもない。こっちの言葉でいう『普通のおっちゃん』やね」

少なくとも過去に交際していた相手だったにもかかわらず、彼女の人物評は「普通のおっちゃん」。これだけだった。

この日、私は「毒」こと青酸化合物（裁判では途中からシアン化合物）について質問しようと考えていた。千佐子はこれまで公判で、毒は矢野プリント時代に出入り業者から貰ったと証言している。さらにその使用目的は、高級な製品に色の刷り間違いをした際に消すためとしていた。だが、とある人物への取材によって、その証言が疑わしいとの思いが高まったのだ。

ここで割り込むかたちになるが、その人物への取材の内容をあらかじめ記しておきたい。その人物とは、矢野プリントの元従業員・大嶋博美さん（仮名）である。

「矢野プリントでは女の人ばかり、五、六人が働いてました。みんなパートです。奥さん（千佐子）は経理と電話受付、それから配達に行ったり、あと色と色を調合して印刷する色を作ったりしていました。それで工場には長い台があって、流れ作業で私たち従業員が色を重ねていくんです」

大嶋さんによれば、高級品を扱っているわけではなかったという。

「発注元が裁断された布きれを送ってきて、それに工場で色をつけて送り返すという作業です。商品は赤ちゃんの前掛けとか、子供のパンツのお尻部分の下絵とかでした。布の表裏の間違いとかはありましたが、プリントを失敗したので色を消すということはありません。安い布きれですから、そういうことがあれば廃棄していました」

この証言からわかる通り、高級品を扱って色間違いを修正するということはなかったのである。というわけで、ふたたび千佐子との面会室での対話に話を戻す。私は彼女に「毒についてなんだけど、裁判で入手先は出入りの業者だって言ってたよね？」と質問した。

「そうや。毒は出入り業者から貰ったんよ」

「名前とか憶えてる？」

「たしか和歌山の人やったと思うけど、もう忘れたわ」

「でも、青酸で布の色を落とすとかって、本当にできるの？」

「そんなん私、専門家やないから、よう知らんわ。ただ、私がそう言われて（毒を）貰ったのは間違いないから。うちで扱ってた製品のうち高級品で色のミスがあったら大変やろ。それを消すためやって……」

「でも高級品って扱ってた？　赤ちゃんの前掛けとか、子供のパンツとかじゃなかった？」

「違うわ。それ以外にも高級な製品があるやろ。その色のミスを消すためやったの……」

そう口にして感情を昂《たかぶ》らせた千佐子は、こちらがなにを言っても聞く耳を持たず、延々と毒は印刷間違いを消すために出入り業者から貰ったものだとの自説を繰り返した。そして興奮からか、事件についても話し出す。

「警察は十把《じっぱ》一絡《ひとから》げで私がやったって言ってる。でも私が記憶してるのは筧さんだけ。あの人が差別したからや。ほかの人はやったという記憶がない。ただ、一人殺しても、十人殺しても死刑やんか。だから、もうええわと思って、受け入れたんよ」

だが現実的にいえば、一人を殺害して死刑になる可能性があるのは強盗殺人や放火殺人などで、千佐子の犯行内容で被害者が一人だけならば、死刑の判決が出るとは考え難い。そのことを知るからこそ、筧さん一人だけの殺人を認め、他は否認する選択をしたのではないかとの疑念は、公判の段階から常につきまとっている。

残り五分で犬の話題を持ち出して、千佐子の機嫌をなんとか取り戻した私に、彼女は「私が死んだときにお願いしたいのは、棺《ひつぎ》のなかに犬の写真を入れてほしいということ」との言葉を残して、面会室を出ていった。

翌十二月二十一日、面会室に現れた千佐子に、私は差し入れようとしたが不許可だったシーズーの卓上カレンダーを見せた。その写真を見た途端、彼女の目にぶわっと涙が浮かぶ。「先生、これアドちゃんにそっくりやわ」そう言ったあと、感極まった彼女は続けた。

「先生、私もう死刑になってます。本気やったら自殺できたらええんやけど、その勇気がない。先生、先生とは私、死刑の直前まで会います」

死刑が確定してしまうと、特例を除き取材者が死刑囚と面会することはできなくなってしまう。だがそれをここで伝えても仕方がない。やがて私は千佐子に「そういえば昨日、毒は和歌山の業者から貰ったって話してたよね」と話題を振った。だがそこで彼女はふたたび、自分が色を調合していてそれを消すために貰ったとの話を繰り返す。

「たしか『毒』とは言わず、『危ない薬』という言い方やったね。思えば私の間違いの始まりは、その人から毒を貰ったこと。別にその人を庇《かば》っとるわけやないよ。自分のなかで消したい、忘れたいことやから、思い出せんことなのよ」

そして前にも聞いた、自分の健康な臓器を寄付したいという話を始めたのだった。

第八章　行き詰まり、そして……

嘘と無表情の壁が突破できない

二〇一八年になり、正直、千佐子との面会に行き詰まりを感じていた。一七年の最後に彼女と会ったのは十二月二十二日のこと。だが、そこでは特段に新しい発言はなく、矢野プリント時代に貧乏をしたことや、矢野本家への恨み言、さらには自身の長男の妻とそりが合わないといった内容に終始した。

犯行についても、毒についても、公判での発言内容をトレースしたものが繰り返される。発言のなかには明らかな嘘も多い。真実のなかに嘘が混じっているのか、嘘のなかに真実が混じっているのか、その割合すら判然としないのだ。彼女が言う「憶えてない」や、同じ内容のことを何度も繰り返す発言が認知症によるものか、それとも意図的に認知症を演じているのかということもわからずにいた。

さらにいえば、その後、昨年十二月後半から今年一月前半までに届いた七通の手紙にしてもそうだ。「寂しい」や「会いたい」との言葉ばかりが並び、こちらが頼み彼女も了承した、交際相手や犯行についての記述は、まったくなかった。ただし、彼女が〝女〟として〝男〟の私を籠絡しようとしていることだけは、その手紙の文面から伝わってきた。

たとえば一月一日に記された手紙には千佐子と私の昨年の状況について〈スレ違いドラマ（昔のメロドラマ）みたいですね。本当に！　マジで！　お会いしたかったのにくやしいです〉と記されている。これには、実際に書いたのは十二月三十一日だったのか、〈来年までは（あと1日！）本当にお会いしたいです。狭い日本なのに、なぜこんなに会えないんでしょうネ……〉との文面が続く。

また、意図的にかどうかはわからないが、〈お互い〉との言葉を多用することで、両者の繋がりを意識させるようにもしている。それは〈お互いに体を大切に、元気で長生きして、あなた100まで？　私98まで？　長生きしましょ、お互い、体の健康第一で生きていきましょう〉といった具合だ。

私はまず取材者であり、おまけに彼女よりも二十歳年下である。そのためこれらの手紙の文面に籠絡されることはない。だが、彼女よりも年長の男性であれば、〝年下の女性〟からのこのような手紙に、心動かされることもあるかもしれないと思った。そうしたことを経験則で身につけた千佐子の、なかば染みついた習慣なのだと推測した。

逮捕前の受け答えや裁判中の発言、さらには面会でのやり取りで私が感じていたのは、千佐子の並外れて強い、自己の生存への執着だった。これはただ生命を保ちたいということに限らず、自分の望む人生を獲得するということをも意味する。その目的達成のためなら、利用できるものはとことん利用しようとしてきたのではないか。そしてそこには、彼女と関わりを持った高齢男性の命も含まれていたのでは、との疑念が頭をよぎる。

多くのことが不確定ななか、これだけは確かなものとしていえるのは、千佐子との面会中、話題が事件の話になったときに彼女が見せる、無表情の途方もなさだ。すっ、とスイッチが切られたかのように感情を表す光が顔から消えるのだ。そして目の奥が、深海で沈下を続けているような漆黒で満たされる。

彼女ほどの極端な無表情を見せた相手は記憶にないが、漆黒で満たされた目には憶えがあった。それは、いずれも私が面会してきた殺人犯に共通するものだ。千佐子より前に、のちに死刑が確定した五人の殺人犯と会ってきたが、いずれも同じ目を私に見せている。だがそれを証明する術《すべ》はない。すべては私の主観でしかなく、客観性に欠ける。

次に面会するときはどのようにするか。悩んだ末に私が決めたのは、いくつかの客観的なテストをやってみようということだった。

認知症のチェックシート

一八年一月十五日、千佐子と十五回目の面会をした。雑談に続いて私が取り出したのは、「長谷川式認知症スケール」だった。これは精神科医の長谷川和夫氏が一九七四年に開発した認知症のチェックシートで、九一年に一部改訂を経て、現在に至るまで医療機関などで広く利用されている。九つの質問があり、それぞれの回答によって点数が決まっている。三十点満点のうち二十点以下だと認知症の疑いが高いとされるが、あくまでも参考にするためのものであるとの注釈が付く。

彼女の裁判では認知症による責任能力と訴訟能力が争点の一つとなった。この場での千佐子の発言の正確さを判断するためにも、現時点での認知症の状態を把握しておく必要があると考えたのだ。

私が「千佐子さん、今日は脳のチェックをする問題に答えてほしいんです」と切り出したところ、「わかった。どんなこと？」と彼女は興味を示した。そこで私は「じゃあ質問していくね」と、持参した用紙の質問を読み上げていった。

最初の質問として「歳はいくつですか？」と尋ねた。「七十一」とすぐに答えが返ってくる。正解のためこれで一点だ。続いて「今日は何年の何月何日ですか？　何曜日ですか？」と読み上げる。

「うーん、七十二年か一年、ねえ先生、どっちやったかなあ？　ほんで一月やろ。そんで何日やったかなあ？　今日はたしか……火曜日？　ねえ先生、答えおうてる？」

千佐子はまるで点数を競うテストのようにしきりと正解かどうかを気にする。正解なのは「一月」との答えだけなので、加算されるのは一点だ。

このようにして次々と質問を重ねていく。驚くと同時に、さすが元銀行員だと思ったのは、「百引く七は？」と尋ね、続いてその答えの数字から、さらに七を引いた数字を質問したときのことだ。千佐子は間髪を容れずに「九十三」、「八十六」と答えを出した。

約五分間の質問で彼女が出した点数は、軽度の認知症が疑われるという結果だった。

質問の終了を伝えると千佐子は言った。

「ねえ先生、私思うんやけど、賢かったらしんどいやない。いろいろ考えてまうし。私ねえ、死ぬときはアホになって死にたいと思ってんのよ。もうなんも考えんと死にたいわ」

そこで私が、「でも、なにも考えられずに、ただそこにいるだけって状態も、けっこう寂しいものがあると思いますよ」と返すと、「たしかに、それもそうやなあ」と相槌を打つのだった。

この日、ここ最近、私以外にも彼女と面会している記者が何人かいるとの確かな情報を得ていた私は、千佐子に尋ねた。

「ところで千佐子さん、最近は誰かほかの記者と会ったりはしてます？」

すると彼女は即答した。

「こんなオバサン、いやオババのとこ、誰が来るかいな。だ〜れも来えへんわ」

彼女の嘘は今日も健在のようだ。

事件化されていない死亡男性も「殺めました」

翌日、私は『自分がわかる心理テスト part2』（蘆原睦監修　講談社ブルーバックス）という書籍にある心理テストを千佐子に行った。これは行動の癖や傾向を発見するためのもので、五十の質問に対し、「はい＝○」、「どちらでもない＝△」、「いいえ＝×」で答えるようになっている。

このなかで、〈規則やルールを守ります〉との問いに、彼女は躊躇《ちゅうちょ》なく「はい」と答えた。また、〈借りたお金を期限までに返さないと気になります〉にも「はい」と答えている。さらには〈思いやりがあります〉に対しても「はい」との答えだった。

また、〈子供や目下の人を可愛がります〉は「どちらでもない」で、彼女はその回答について、「関係ない人に上手したら警戒されるやろ」と言葉を足している。その後、〈茶目っ気があります〉に「はい」と答えた際にも、「相手を笑かすのに力を注いでるから」と説明を加えた。

その翌日である一月十七日。千佐子はみずから「私ねえ、逮捕されてるけど、人助けもしてるんよ」と話し始めた。それは以前、同世代の女性数人に無心され、現金を融通してきたというもの。彼女は続ける。

「相手に（借金を）返す気がないのはわかってた。けど、人に貸すときは返ってこんと思えと言われてきたからな。そういうつもりで貸したんよ。百万、二百万ちゃいますよ。数千万円。みんな私がおカネ持ってるの知ってたから、すり寄ってきた。一人、二人ちゃいますよ。けど、私もおカネの苦労知ってるから、騙されようと思ったんよ」

それが事実かどうかを確認する術はない。千佐子は愉快そうに言う。

「だからな、私が死んだら、閻魔《えんま》様から『よう来たな、お前もえらい目に遭ったな』と言われる思うわ。私は地獄には行かないと思う。少しはいいこともしてるからな」

そこで少し意地悪な気持ちになった私が、「千佐子さんって、北山さんは殺めてないの？」とストレートに尋ねると、彼女はとんでもないというふうに首を横に振った。

「北山さんは殺めるどころか、あの人がいまも生きてたらこんなとこに来てないわ。あんなにおカネを出してくれる人、私が殺めるわけないやろ」

「てことは、おカネを出してくれない人を殺めたってわけ？　たとえば笹井さんは？」

「笹井さんは、殺めました」

「ほかにおカネをくれなかったのは？」

「山口さんはケチやったな」

「山口さんはどうしたの？」

「山口さんは、殺めました」

　ほかに物音のない面会室で、千佐子は私の質問に淡々と答える。それはロボットが質問に答えるときのような、どちらかといえば機械的な口調だった。メモを取る私に向けた無機質な表情からは感情が窺えない。

　そこまでを言うと、千佐子は私が息を呑《の》む気配を察したのか「差別がひどかったんよ。筧さんも笹井さんも、あと山口さんも。うちの母もね、農家の人は細かいと言ってたわ。ほんとその通りやった」と話をずらし始めた。そしてこちらが質問していないのに、自分の人生について語り始め、「私、自分がどんな仕事をしたっていう記憶がないんよ」と、記憶の減退を訴えたのだった。

千佐子が語る、モテの秘訣

　次に千佐子と会えたのは二週間後の一月三十一日のこと。そのあいだに、彼女からは六通の手紙が届いた。そこでも彼女は私との面会を求め、事前にこちらが面会予定日として伝えていた日に、急用ができて来られなくなった場合について〈でも、必ず次の日来て下さいネ。首を長あ〜〜〜くして、だけでなく、泣くかもしれません〉と記している。またその翌日に届いた手紙には、〈私がとらわれの身でなかったら、飛んで行きますのにネェ……。シューン。新幹線でも車でも何でもありで行きますのに。残念です。身から出たサビ？　ですものネ、又シューン〉と綴《つづ》られていた。

一月三十一日の面会に、私は新たな検査キットを持参した。それは『新版ＴＥＧ（東大式エゴグラム）Ⅱ』（以下ＴＥＧ＝金子書房）という性格検査で、五十三問の質問に答えてもらい、そこからその人の性格の傾向を見極めるというものだ。

質問内容はＣＰ（批判的な親の心）、ＮＰ（養育的な親の心）、Ａ（大人の心）、ＦＣ（自由な子供の心）、ＡＣ（順応した子供の心）の五つの要素に分かれており、各得点のバランスから、性格や人との関わり方を分析する。そこではたとえば「他人の言うことに左右されやすい」といった質問に「はい」、「どちらでもない」、「いいえ」の三通りで答えてもらい、「はい」は二点、「どちらでもない」は一点、「いいえ」は〇点で計算していく。この検査の存在を教えてくれたのは、友人である某大学病院精神科医長の山中博己医師（仮名）。

山中医師によれば、「あくまでも傾向を知るための参考に」とのことだが、それでも千佐子の性格を知っておきたい私には参考になる。ただし、その結果について私のような素人が判断することは間違いにつながるため、後日、山中医師に検査結果の分析をお願いすることにした。

TEGを終えると、私は千佐子に毒についての話を切り出した。何度も同じ話を聞くことで、ほころびが出ることを期待したのだ。彼女は以前と同じく、和歌山の出入り業者から受け取ったと説明したうえで語る。

「これは人間が口に入れたら危険やから、従業員さんの手の届かないところに置いてくださいと言われたんよ」

「そのとき毒は貰ったの？　それとも買ったの？」

「おカネを出して買ったわ」

「いくらだった？」

「いくらかは憶えてないわ。でも、そんな高いもんやなかったな」

この話になると、千佐子は暗い目をした。そして、口から左右に舌を出したり引っ込めたりを繰り返す。

翌二月一日、私は彼女が矢野家に嫁いで住んだ、貝塚市の家の写真を見せた。最初は「ここやったかなあ？」と訝《いぶか》っていた千佐子だが、写真の奥に写る二階の子供部屋を見て記憶が喚起されたようだ。

「ここに写ってる平屋は本家が建てた部分。横の二階建ては自分たちがあとで建てたんよ。手前に工場がある場所は、もともとは駐車スペースやったね」

続けて見せた堺市の賃貸マンションの写真については、「ああ、たしかにここに住んどったわ」とすぐに思い出した。そして、彼女が手に入れた同じ堺市の分譲マンションについては、相続対策で娘の名義にしたが、娘本人は住んだことがないことを認めた。

「正直言って思い出したくない、があるんよ。それで記憶が減退してる」

そう語る千佐子に「でも千佐子さん、悪い思い出だけじゃなくて、これまでにたくさんの男の人にモテてきたりもしたでしょ。どうやって男の人を惹《ひ》きつけてきたの？」と訊く。

「このままの自然体やから。もうスッピンのまま。相手で変えない。男に媚《こ》びない。だからどっちかというと頼られるほうやったな。嘘を言わないし、本当のことをバンバン言うから。『それ、間違うてるで』とか『こうしたほうがいい』とかね……」

それから千佐子は、自分が以前から筆まめだったことを口にし、もし自分が大学に行っていたら作家か国語の教師になりたかったという話をした。

続いて二月二日、二十回目の面会では『サイコパス』（中野信子著　文春新書）のなかにあった、イギリスの心理学者「ケヴィン・ダットンのセルフチェックリスト」を千佐子にやってもらった。これは十一問の質問に対し「全く当てはまらない＝〇点」、「当てはまらない＝一点」、「やや当てはまる＝二点」、「当てはまる＝三点」として、得点を集計するものである。このテストでは十八点から二十二点が平均とされ、二十九点から三十三点でサイコパスが疑われるとされているそうだ。

するとと千佐子は〈バレなければパートナー以外の人と浮気をしてもよい〉との質問に対して、「全く当てはまらない」とし、「同時に二人とは付き合えへんから」と、裁判で明らかになった交際男性の重複とは矛盾する回答をした。また、〈自分の欲しいものを手に入れるためには、他人を踏み台にしても構わない〉でも、「全く当てはまらない」と答え、「百パーセントない」と言い切った。さらに〈決断を下すのがとても早く、危険な仕事に向いている〉には、「当てはまらない」を選び、「私はめちゃめちゃ怖がり。怖がりの千佐ちゃんで有名やった」と説明している。

結果として彼女の合計点は極めて低かった。だが、先の回答内容からわかるように、実際の行動とは矛盾することが多く、作為的に回答されたものである可能性が高い。

このセルフチェックを終え、雑談をしていると、千佐子は前日に話した「思い出したくないこと」への対処法を語り始めた。

「けっこう引きずらないようにしてるんよ。自分の部屋（独房）に入ったら、ここ（面会室）のことは忘れるようにしてる。自分がしんどいから。やっぱ、やなこと思い出したらしんどいやろ。消しゴムで消されへんから。千パーセント消せない」

　そこで、彼女が語る「やなこと」を私はすぐに確認する。

「いちばん初めに殺めたのは笹井さん？」

「そうやなあ。笹井さんやったなあ……」

　そして千佐子はみずから、カプセルに毒を混入させた健康食品について話し始めた。

「吉村（秀美）さんが健康食品にハマってたんよ。それで私が『△△』を買った。もう人の分まで買った。おカネあったし、ターゲットにされたんよ」

「そのカプセルに（毒を）入れたの？」

「ちょっと（中身を）出して入れた。全部出したらわかるやろ。軽くなる。耳かき一杯くらいほかして（捨てて）、そこに入れるんよ」

「でも、耳かきって、あとで間違えて使ったら危なくない？」

「先生、なに言ってんの。耳かきなんて安いやん。一回使ってゴミ箱にほかせますやん」

　続いて千佐子は話しすぎたと思ったのか、「せやけど最近はなあ、夢見てても、朝起きたら忘れてるくらい物覚えが悪いわ」と、記憶の減退を示唆した。

「憶えてない」がいちばん強い

その三日後、千佐子が名前を出していた吉村さんと電話で話すことができた。そこで私が、千佐子が吉村さんが事業に失敗した際に、数千万円を融資したと話していることを伝えると、彼女は驚いた。

「私は別になにも事業に手を出してませんし、彼女におカネを借りたなんてこともないです」

「千佐子さんは吉村さんが健康食品にハマっていて、それで彼女が大量に買ってあげていたと口にしてるんですが」

「健康食品とかもやってません。だいいち私は、彼女から『私が死んだら娘に領収書を送ってくれ』と言われてたんですよ」

領収書の意味がわからず、尋ねたところ吉村さんは言う。

「私が彼女に三百万円貸したんです。その領収書」

「いつ頃ですか?」

「捕まる少し前です。弁護士に使う費用が必要だからということで貸しました。その当時、彼女は自分は殺してないと話していました。だから信用して貸したんです。でも、嘘をついていたから、彼女の娘さんに領収書を送ったんです」

「娘さんから連絡は?」

「なしのつぶてでした……」

電話を切り、しばし呆然《ぼうぜん》とした。千佐子と吉村さん、どちらの話が信用できるかは説明するまでもない。


ときを同じくして、精神科医の山中医師と会った。千佐子のTEGの結果は、写真に撮って事前に送ってある。また、それに加えて彼女の犯行について説明した資料も添付していた。山中医師は会うなり言う。

「彼女としては、取材を通じて、世間に自分はいい人間だと見せたいんでしょう。うまくいけば裁判に影響を与えたいと思ってる。このTEGには自分がこうなりたいも出たりするんですよ。この結果だけを見ると、ACを除いて全部高い数値が出てるでしょ」


ちなみに再度説明しておくと、TEGはCP(批判的な親の心)、NP(養育的な親の心)、A(大人の心)、FC(自由な子供の心)、AC(順応した子供の心)の五要素の各得点のバランスから、性格や人との関わり方を分析するもの。千佐子はCP、NP、A、FCともに九十五パーセンタイル(下から数えて百番中九十五番目ということ)以上なのである。そしてACのみが三十パーセンタイル前後だった。

「こんなTEGが稀《まれ》なんです。こんなのはほぼない。本人が外にいいように見えるようにしている、もしくは本人のなかではそう思っていることもある。もし本人が嘘をついている自覚がないのなら、そっちのほうが厄介です。共感性がかなり欠けてるんで、自分以外の人間は、自分が生きるための道具であると考えているんでしょう。エゴグラム的にはAだけがあって、あとの感情はほとんどない状態。AだけでP（親）とC（子供）がない。たとえば彼女は葬儀の場面で相手の親族に平気で公正証書を出したりするでしょ。本人は貰って当然だと思ってるから、相手の感情を忖度《そんたく》できない。本当に悪気はないと思います。ただし、交流術については理解し、交流テクニックは持っているので、マメにメールや手紙を出したりする。無意識のうちに男の人を味方につけようとしているんでしょう」

私はここで千佐子に対して実施した「長谷川式認知症スケール」の結果も見せた。しばらくその内容を見ていた山中医師はぽつりと言った。

「これは認知症とはいえないレベルですね。たしかに当日の年月日と曜日を間違えていますけど、それはカレンダーのない拘置所にいる環境なのでしょうがない。近時記憶は気になりますけど、まだ全然大丈夫な人ですよ」

そこで私は、彼女が「憶えてない」という言葉を多用していることを伝えた。

「『憶えてない』がいちばん強いんですよ。それで話が終わるので、突っ込みようがないでしょ。私自身もそういう人を診察しますけど、こっちにとっていちばん難しい、やる方にとっていちばん簡単という手段で、いちばん厄介なんです」

カネにまつわる疑惑に激昂

次に千佐子と面会するまでのあいだに、三通の手紙が届いた。最初に来たのは、差し入れをしておいた菓子類に対するお礼だ。

〈本当にうれしいです。弁ゴ士さんにも、子供も、アメ一個もらったことありません。葉書の一枚も来たことありません。まあ、子供の立場として、あえて、私を死んだ人と思ってるから、それで当然ですけどネ……笑い泣き……シュン。二人の子供に大学やったんですが……シューン〉

その四日後に書かれた手紙では、差し入れた本についてのお礼が書かれていた。

〈プロ。小野一光先生の選んでる本、マジで良い本!! 本をながめるだけで、喜びがこみあげてきます〉

この手紙の文末は、本を読む喜びの表現に続いて、次のように締められていた。

〈(しつこいとしかられる言葉でごめんなさい。しかられてもOK)一光先生にだった

ら、しかられたいで〜〜す〉

久しぶりとなった二十一回目の面会は、三月五日だった。一カ月ほど空けているあいだに、どうやって彼女に自分の嘘を認めさせるか考えたが、答えは出なかった。その日、千佐子はこれまで私に認めていた、笹井さんや山口さんの殺害を否定した。

「北山さんは病気やろ。笹井さんはいまとなれば、殺したイメージがないねん。宮田さんは千パーセント殺してない。末廣さんは殺す理由がない。木内さんは殺めてない。おカネすら貰ってない。ガソリン代なんかも私が払ってた。山口さんも殺した記憶がない……」

彼女は自分が殺したのは筧さんだけであるとの主張を繰り返した。話はまたもや振り出しに戻ってしまったのである。

前日の徒労感が残る三月六日、私は今日こそ千佐子に吉村秀美さんとのことを問い質《ただ》そうと決めた。そして雑談に続いて切り出す。

「あのね、千佐子さん、これ決して責めるわけではないんだけど、僕ね、吉村さんに連絡を入れたのよ。そしたら彼女は健康食品のビジネスもやってないし、千佐子さんからもおカネを出して貰ってないって。それよりも千佐子さんに弁護士費用として三百万円を貸したって聞いたよ」

「えっ？」

千佐子は目を見開き、息を呑んだ。

「私、おカネを借りたいう意識はないわ」

そしてすぐに繰り返す。

「私、おカネを借りたいう記憶はない。借用書あるの？」

私は吉村さんが領収書を千佐子の娘に送った話をした。

「吉村さんは、私におカネ貸すほど余裕なかったわ」

「でも本人は貸したと言ってるよ」

すると千佐子は耳の後ろに手を当て、アクリル板に顔を近づけた。

「なんや、今日は先生の声が聞こえんわ」

そこで私は同じ言葉を大声で復唱した。すると千佐子は憮然とした表情を見せる。

「(マルチ商法の)『××』は吉村さんから来た。あそこはダンナさんも熱心にやってて、彼女の方が『親』やったんよ。彼女はネットで買うプロフェッショナル。『××』について私は(ランクが)下やった。私はあの人に(カネを)出したことあるから。逮捕されて反論できんから、言われっ放しやね」

興奮して言い放つ千佐子に私は返す。

「でもね、千佐子さん、吉村さんにおカネを借りたとき、もし自分が死んだら娘に領収書を送ってくれって言ってたでしょ」

「おカネの話で子供を巻き込むことは考えられません。あり得ない」

そう口にしてこちらを睨《にら》みつける。それからは堂々巡りだった。私がなにを言っても、「憶えてない」「あり得ない」を繰り返す。

その日、いつも実行していた、面会終了間際の五分間の「楽しい話」の時間を持つことはできなかった。千佐子は終始興奮し、怒りをぶつけてきた。

面会室を出る際も、いつもならば彼女は笑顔で手を振って出ていく。だが、その日は捨てぜりふで終わった。

「私もね、もう死刑になるからね。勝手に言いたいこと言うて、いう感じや」

以来、千佐子からの手紙は途切れた。

覚悟していたとはいえ、約四カ月のあいだに二十二回重ねた面会の、そして二十八通届いた手紙の、あまりにもあっけない幕切れだった。

はたして、私は彼女について少しでも知ることができたのだろうか。

発言のなかには多くの嘘が紛れ込み、なかには検証できないものも少なくない。しかも、本人みずから認知症であることを主張しており、都合の悪いことについては「憶えてない」と対応することも可能だ。

さらにいえば、彼女自身は減刑への道をいまだに探っており、ときおり口を滑らすことはあっても、次の機会には修正するなど、自己に不利な内容を、懺悔《ざんげ》といったかたちで明かすようなことはなかった。

そうしたなかで、事実として存在するのは、これまでに千佐子の口から被害者への謝罪は一度もなかったということ。それは、彼女にとっては、自分がどうあるかということだけが唯一の重大事であり、そのために他者がどうなろうとも、関心の埒外《らちがい》だということを示している気がしてならない。

きっと、千佐子は被害者に対していまだに思っているに違いない。これまで老い先短いあなたたちに、私は良くしてきたじゃない。だから当然の対価を貰っただけ、と。

見た目が〝普通のおばちゃん〟である千佐子の内面に、そうした無機質な感情が宿っていることについて、私は例えようのない恐怖を感じる。

もし、筧さんの死が事件として扱われなかったら、彼女の背後に屍《しかばね》の山はまだまだ積み重なっていたことだろう。

これまでの生き様を表す「後妻業」の「業」という字は、千佐子にとって、仕事を意味する「ぎょう」ではなく、彼女の心に棲《す》みついた「ごう」だったのである。

エピローグ

今回の取材を続けるなかで、幾度か耳にした言葉がある。

「××さんはある意味、幸せやったと思うで。だって、独り身で寂しいところに自分より若い女が現れて、身の回りのことあれこれ世話してくれて、本人は自分が殺されたいうんも知らんまま、あの世に行ったわけやからな」

この「××」には、千佐子と結婚や交際後に死亡した人物の名前が入る。同じ意味の発言は複数の箇所で聞いており、該当者は一人ではない。そしてそのことを口にしたのは、××さんの親族ではなく、決まって男性の友人や知人である。

まさに〝知らぬが仏〟という意味を含んだ言葉なのだろうが、はたして××さんは、彼らが想像するように幸せだったのか。

これまでの裁判で明かされた、千佐子が被害者の男性に送ったメールの数々や、それこそ私に対して送ってきた手紙の文面などから、彼女が〝女〟である部分を強調して、相手の関心を自分に向かわせるよう、意図的に秋波を送っていたことは疑いようのない事実だ。

また、妻に先立たれ、子供たちもそれぞれ独立して孤独な生活を送る高齢男性が、そうした女性からの秋波に反応してしまう気持ちも理解できる。

みずからの生活の糧を求める女性と、みずからの老後の潤いを求める男性が、互いの欠けた部分を埋めるために一緒になる。そのこと自体は一般社会でもたびたび起きていることだろうし、不健全とまで言い切れるものではない。

ただし、そこで千佐子が異なっていたのは、相手に潤いを与える期間を、みずからの都合に合わせて決定し、その手段が殺人という犯罪であったことだ。

公判中、そして私との面会のなかでも、千佐子は一度として、被害者への謝罪を口にしていない。同時に、これまでの結婚、交際相手への恋慕の感情についてもまったく口にしていなかった。相手への評価は常に、カネがあったか否か、さらには気前が良かったかケチだったかということに終始した。それはつまり、相手を個々の人格を持った男性として見ていなかったということだろう。

千佐子と結婚、交際をした相手をリストにして年表を作ると、まるで仕事のスケジュールの空白を埋めるかのように、次々と相手が移り変わったことがわかる。しかもそれは次第に重複するようになり、その間隔は狭まっていった。

彼女の殺人という行為に対する、異様なまでのハードルの低さは際立っている。

たしかに、刺殺や絞殺、撲殺といった方法にくらべ、時間差で相手が昏倒するカプセルを使用した毒殺は、みずからの手にその感触が残らない殺害方法といえるだろう。とはいえ、少なくとも相手の死の前後のどちらかを見届けることにはなるわけで、通常の意識でいえば、多少なりとも良心の呵責《かしやく》を抱くものである。

しかしながら、千佐子からはその意識がまるで感じられないのだ。

そのため彼女の一連の犯行は、必要に応じて実行されてきた無機質な〝作業〟といった色合いを持つ。

私自身はそうした千佐子の行動原理がどのように醸成されていったのか、そこに興味を抱くようになり、約四年もの期間をかけて取材を続けてきた。なぜ、どうして、そのような行為を平然と行えるようになったのかということが、取材のなかで浮かび上がってくればと期待していた。

だが、結果としてわかったことは、そこにそういう考えで行動に移す人物がいた、という現実への理解のみだ。

歴史にもしもはないが、もしも千佐子が金銭的に一切困らずに済む相手と結婚していれば、このような犯罪に手を染めることはなかったのだろうか、ということは考えた。だが、そこで完全にないとは断言できない自分がいた。男女のあいだには、たとえ経済的に豊かだったとしても、ときとして軋轢《あつれき》が生じることがある。そのときに千佐子が相手を邪魔だと感じることがないとは思えない。邪魔だから排除しようと行動することを否定できない。

それほどまでに、私には彼女の〝底〟が見えなかった。

面会室で対峙すると、千佐子との対話は打てば響くかたちで返ってくる。リズムもいい。一見、意味のある内容である。だがその回答をより深く掘り下げようとしても、結局は最初の場所に戻って来てしまうのだ。つまり、「無限ループ」のような状態が続く。

当初は、彼女が自分の本心を知られないように、つまり防御のためにそうしているのではないかと考えた。だが、やり取りを繰り返すうちに、次第にその考えは変わってきた。確固とした本心が、そもそもないのではないか、と。

もちろん、生への執着はある。だがそれはあくまでも本能的な部分だ。その本能に従って思いつきで行動に移しただけで、本心、たとえばそれを悪意だとすると、彼女には悪意という概念がそもそも存在しないのでは、ということだ。

悪意という概念がない以上、悪意のあるなしの自覚もない。自覚があってこそ、それが対象者の〝底〟となるのだが、自覚がなければ〝底〟はないのである。

ただし、悪意はなくても、殺人という行為が世間で罪に問われることであるとの知識は持っていた。それで捕まってしまうことが、自身の生存の危機であることを知っている。だからこそ、裁判でも明らかになったように、犯行前後に数多くの予防線を張ってきたのだ。

千佐子は、これまで上手にやってきたのだと思う。数多の高齢男性の気持ちを自分に向けさせ、その後、人生経験が豊かな（はずの）相手に対し、遺産が自分の手に入るように公正証書遺言を作成させたり、親族の反対を押し切って入籍させることに成功してきたことが、それを証明している。

とはいえ、その過程で千佐子が見せてきた姿のなかに、彼女の本心はない。千佐子が口にしてきた相手への恋心や気遣い、さらには献身的な行動は、あくまでも目的のための手段に過ぎないのである。被害者がたとえ気付いていなかったとしても、存在しない見せかけのものから真の幸せは生まれないと、私は思う。

一連の事件で実際に何人を殺めたのか、知っているのは千佐子だけだ。

だが、彼女は忘却の森にそれを閉じ込め、みずから真実を詳らかにすることは最後までないだろう。なぜなら、千佐子は己にとって都合の悪い過去は忘れ去り、いま現在、裁かれている自分こそが魔女狩りの〝被害者〟だと思っているからだ。

文庫版　エピローグ

千佐子に面会を拒否されてから、三年以上の時が過ぎた――。

当時、彼女は京都拘置所にいたが、控訴審と上告審を争う際に、身柄は大阪拘置所に移されている。

その後の千佐子について、気にはなっていたが、大阪拘置所まで出向くことはなかった。

どうせ行っても、面会を拒絶されるだけと諦めていたのだ。彼女は拙著についても知っているだろうし、当然ながらいい印象を抱かれているはずはないと考えていた。

そんな千佐子に対し、最高裁が上告を棄却する判決を下したのは、二一年六月二十九日のこと。

通常、最高裁で判決が下された翌日から十四日後に死刑が確定する。そうして死刑囚になると、基本的に家族や弁護人以外との面会はできなくなる。もちろん、例外的に面会できるケースもあるが、それが適用されることは残念ながらほとんどない。

彼女と言葉を交わすことのできる機会が永遠に閉ざされてしまう。そうなってから後悔したくないとの思いが、私の足を大阪拘置所に向かわせた。

七月五日のことだ。

なお、千佐子の場合、結果的に死刑が確定したのは、通常よりも少し後だったことを付記しておく。というのも、彼女の弁護人が七月二日付で最高裁に上告審判決の訂正を申し立てたため、刑の確定が、同申立が棄却された翌日の七月十七日に引き伸ばされたのだ。

それはさておき、面会前の私は、千佐子はたぶん会ってくれないだろう。それも仕方ないことだと考えていた。

だがその悲観的な予想は、拍子抜けするほどあっけなく覆されることになる。窓口での受付後、待合室で待つ私に向けて、十二番面会室に入ることを促す呼び出しの音声が流れたのだ。

面会室に入った私は、半信半疑で起立したままそのときを待った。ただし、ここで安心することはできない。アクリル板越しの正面の扉にある小窓からこちらを見て、私の姿を認めたことで面会を取り止めて引き返す可能性もある。実際、彼女ではないが、過去にそういうことも経験していた。

するると、正面の扉が開き、白髪を肩の下まで伸ばした小柄な老女が姿を現した。千佐子は七十四歳だが、それよりも年老いて見える。伸ばしたままの長い白髪が原因だと思うが、三年のブランクを加味しても、老けたとの印象は拭えない。正面の私と目が合うが、その表情に格段の変化はなかった。

白地に青と赤の花柄が入ったシャツに、水色の膝丈ズボン。マスク姿の彼女は挨拶を交わすでもなく、まずアクリル板越しに声を張り上げた。

「あのねえ、私、耳が遠いやろ。やから話すときは声をワントーン大きくして。そうやないと聞こえんから」

一気に過去の記憶が蘇る。そうそう、この感じだった。まず自分の言いたいことを主張する。それでこそ彼女だ。

千佐子が何事もなかったように振舞うのならば、こちらもそれに従うことにした。そこで私は、すぐに大きな声で返す。

「ご無沙汰しています。こないだ最高裁で判決が出たでしょ。それでもう会えなくなるから、今日は千佐子さんに最後のご挨拶ができればとやってきました」

　すると彼女は表情を変えずに切り返す。

「まあね、私も覚悟してるから。生きる気力もなくなって、明日、一年後、三年後、まったくわからんからね。そうや先生、私が死ぬのわかったら、教えに来て」

　彼女が使う「先生」との呼称も久しぶりだ。

「教えに来てって……」

　私が言葉に詰まると、彼女はアクリル板に顔を近づけ、速射砲のように話し始めた。

「そら、怖さがないと言ったら嘘になるよ。もともと小学校の頃から怖がりなんやから。せやから、（死刑については）あえて思わないようにしてるんよ。これからなにしたいとか考えたら、よけい落ち込むわ。もうね、明日なに食べるかとかしか考えとらんのよ」

　こちらに来てからの生活に変化はないか問うと、なにも変わらないと答える。ふだんは弁護士から差し入れて貰った本を読んだり、房内で流れるラジオを聴いたりして過ごしているという。私は本のタイトルを尋ねたが、彼女は京都拘置所での面会時と同じく、そのことについては言葉を濁す。

　最高裁での判決が出てから、数社のメディアが千佐子との面会記を出していた。そこでは、彼女が被害者への謝罪を口にすることがなかったと書かれていたことから、私も被害者への気持ちを聞いてみた。

　すると、千佐子は虫を追い払うかのように顔の前で手を左右に振る。

「もうね、私は裁判ですっかり悪い人にされとるからね。なんとでも思ってくれたらいいわ。それだけ」

　自分が周囲に陥れられたかのような物言いをするのも相変わらずだ。そこで私は質問を切り替えた。

「千佐子さんね、もう最高裁での判決も出ていることだし、いまならこれまでに話せなかったことを話せるんじゃないの？　いまだから聞くけど、青酸は誰から貰ったか教えてくれない？」

　すると彼女はかぶりを振った。

「青酸を手に入れる手腕がないもの。あんな危険なもの。そんなん知りません。私ももう七十二やからね。それすら忘れてる」

「千佐子さんはいま七十二やなくて、七十四でしょ」

　私は笑いながら返す。

「え、そやった？　私の歳は七十二で止まったままなんよ。あとね、私の過去は全部消えたんよ。これまであれやこれや、起きたことを書いてたメモを弁護士にわたしたからね。それがないと、もうなんも思い出せんの」

淀《よど》みなくそんな言葉が口をつく。

私はもう一つ、この機会に聞きたいと思っていたことを質問する。

「千佐子さんね、この際だからはっきり聞くけど、最初の旦那さんって殺害してない？」

千佐子が四十七歳のときに死に別れた、矢野正一さんのことに触れた。

「旦那は（殺）してない。私、これまでたくさんの人と別れたりしてきたやろ。もう誰がとか憶えてません」

「なら次の人は？　ほら、大阪市の××（地名）に住んでた人……」

「え、誰やった？」

「千佐子さんに××競技場のそばのマンションを買ってくれた人がいたでしょ」

「そんなんもう憶えてへんわ」

千佐子の口から、北山義人さんの名前が出ることはなかった。接点を持った男たちの多くは、彼女のなかで忘却の彼方《かなた》にある。

「そういえばね、先生。私、殺される前に臓器提供をしたいんよね。私、この通り健康やからね。弁護士にもそう言ってるんよ」

これもかつての面会時に、千佐子が頻繁に口にしていたことだ。そういう点でいえば、彼女の話には一貫性がある。私はじつのところ、長い拘置所生活によって彼女の認知症が進行しているのではないかと危惧していた。だが、この場でやり取りする限りでは、三年前からの変化は見受けられない。千佐子は私の顔をまじまじと見つめると言った。

「こうやって見ると先生若いわあ。帽子被《かぶ》ってるから頭がどうなってるのかはわからんけど、肌つやもええしね。体悪くないやろ」

その言葉を聞き、既視感を覚える。これもまた、彼女が高齢男性を籠絡する際に使ってきた〝技〟であり、それが彼女のなかに染みついていることがはっきりした。

面会に許された時間は十五分間しかない。それはあっという間に過ぎ、終了を告げるベルが鳴った。まだまだ聞きたいことはあるが、これで本当に終わりだ。

私は今回会ってくれたことについて、礼の言葉を述べた。

「まあな、先生もせっかく来てくれたしな。嫌な人は何人かいるけど、私はそういう人とは会いません」

脇の女性刑務官に促され、千佐子は立ち上がる。私も立ち上がり頭を下げて言った。

「千佐子さん、私がこう言うのもなんだけど、お元気で。どうもありがとう」

「ありがとうね。私はこれでサヨナラ」

彼女ははっきりした声でそう言うと、広げた両掌《てのひら》をこちらに向け、胸の前でひらひらと振る。

それは少女のような振る舞いだった。やがて彼女は踵《きびす》を返すと、小さな背中は金属製の扉の向こうへと消えていった。

その姿を見送った私は、ため息をつく。

千佐子は結局、解き明かされなかったいくつもの秘密を内に抱えたまま、彼岸へと向かおうとしている。

私がついたのは、真実を知る手段が永遠に絶たれてしまったことへの、ため息だった。

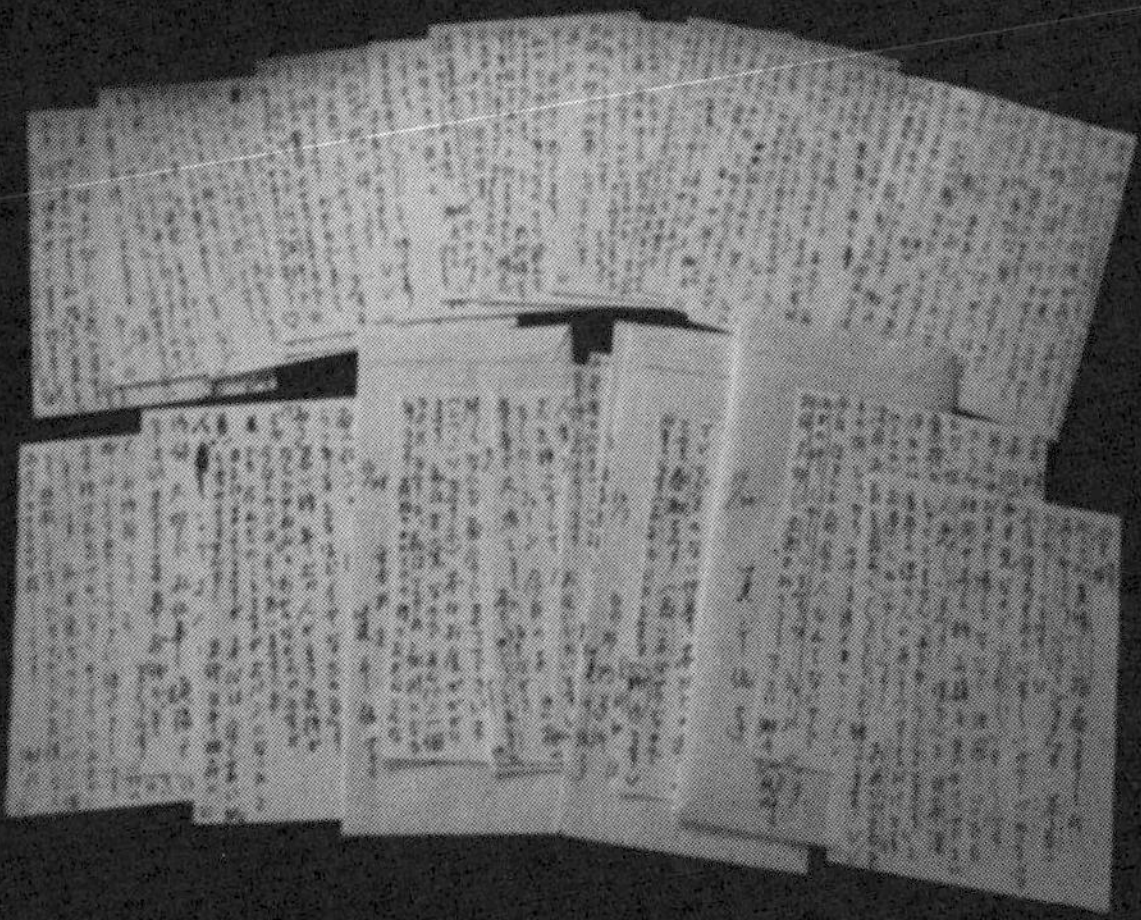

千佐子からの手紙は
全部で28通に及んだ

解　説——女が女であり続けるために

花房観音

「あれは女だ、ものすごく女……そう思いました」

彼は、そう口にした。

仕事関係の三十代の男性と、なぜそういう話になったのかは、覚えていない。二〇一四年の十一月に逮捕され、同時期に発売された黒川博行の小説の内容が事件に酷似していると話題になった「後妻業の女」筧千佐子の話題になったときのことだ。

彼は、「僕、仕事で面会したことがあるんですよ」と、私に言った。

冒頭の言葉は、その際に彼の口からもれたものだ。

女とは、なんだろうか。生物学上の性なのか、ジェンダーなのか、それとも全く違う、得体の知れない何かだろうか。

筧千佐子は面会当時、七十歳を超えている。三十代の男性に対して、アクリル板越しの限られた面会時間で、「女」を見せたというのが気になった。

同時に、私は一冊の本を思い出した。

それがまさに、本書『全告白　後妻業の女』である。単行本でこの本を読んだときに強く印象に残ったのは、千佐子が起こした犯罪の内容よりも、著者である小野一光に対しての彼女の「女の媚び」だった。本書を読めばおわかりいただけるだろうが、面会時や手紙のやり取りで、千佐子は取材者である小野に対して、あからさまに好意をちらつかせている。

連続殺人犯で死刑を求刑されている七十代の女が、取材者の二十歳ほど年下の男に、女として好かれようとする様は、異様に思えた。反省することも、罪悪感に苦しむこともなく、千佐子はときに、幼女のように甘え、「可愛い女」であろうとする。

その様子を読んで、口の中に砂糖の塊を無理やりねじ込まれたような息苦しさも感じた。甘すぎて、胸がムカムカして吐きそうだ。

もうひとつ連想したのは、同じく複数の男性を殺し多額の金を手に入れた、首都圏連続不審死事件の犯人・木嶋佳苗だ。私は彼女をモデルにした『どうしてあんな女に私が』（幻冬舎文庫）という小説を刊行して、関連書籍などもすべて読んでいた。

おそらく百キロ近くありそうな体軀《たいく》、ボサボサの長い髪——木嶋佳苗が逮捕されたときに世間が騒いだのは、彼女の容姿が美しくなかったからだ。「どうしてあんなブスが、デブが、男たちに好かれ結婚を望まれ金を渡されたのか」と、人々は混乱した。木嶋佳苗の口からは法廷でいかに自分のセックスが良かったかと名器自慢まで飛び出した。

筧千佐子も、結婚相談所所長の談として「自分から寝床が上手だと話してました」と本書にはある。

他にもふたりの共通点は、千佐子は相談所、佳苗は婚活サイトで、「料理上手」「家庭的」を強くアピールしていたところだ。「男子厨房《ちゅうぼう》に立たず」がよしとされ、家事は女性に任せるものだとされた年代の、連れ合いを亡くしひとり寂しく暮らしていた男性たちには、「セックス上手な家政婦」は、理想の女であっただろう。彼女たちがそれを熟知していたのは、間違いない。男の願望を餌にして釣ったのだ。

木嶋佳苗は、逮捕されたのちに拘置所からブログで発信し続けた。支援者の手によりUPされたブログは、千佐子と同じく反省や後悔など、どこにも見当たらず、「元気の秘訣は恋愛です」と、まるで十代の夢見る少女のようにのたまい、男性への「媚び」が綴られる。

木嶋は獄中にて三度結婚を果たした。

たくさん人を殺して逮捕され、その先には死刑が待っているのに、どうしてこの女たちは「可愛い女」であろうとし、男に媚びるのか。被害者家族だけではなく、加害者である自分たちの家族だって苦しんでいるだろうに、そんなことはお構いなしだ。罪悪感など、彼女たちは全く持っていない。おそらく、絞首台に乗るその日まで、反省などしないだろう。

ふたりの共通点は他にもある。木嶋は練炭、筧千佐子は青酸と、血が流れない方法を選んでいる。これについては本書で千佐子は検察官に対して「私は女やから、ピストル、包丁、ナイフで殺すはできません。怖いから。手段では毒を飲ますしかないです」と、自身が弱い女であるかのように述べている。

しかし木嶋佳苗と筧千佐子の決定的な違いは、年齢だ。

逮捕時、木嶋は三十代だった。現代では「若い女」と分類される年齢で、まだ子どもだって産める。いくら太っていたって、年配の男性からは需要があっただろうというのは想像できるし、彼女自身が気力・体力・エネルギーに満ちていて、男を狩ることも楽しかっただろう。

けれど千佐子は、一九四六年、昭和二十一年生まれ。最初の夫が亡くなった時点で四十八歳だ。最初の犠牲者だとされる大阪市の男性が亡くなったのが千佐子が五十六歳のとき。結婚や交際を繰り返し、逮捕されるきっかけとなった最後の犠牲者が亡くなった時点では六十七歳になっている。孫のいる「おばあちゃん」と言われる年齢まで、女であることを武器に男たちを渡り歩き、殺し続けた。


私は今、五十歳だ。生理はまだあるが、確実に老いて閉経が近づいているのを日々痛感している。閉経ごときで「女でなくなる」とは思わないが、女という性に生まれ、女として生き続けて、年齢は大きな境目であるのは間違いない。

若い女や少女がもてはやされる社会で、若くない女は分が悪く、あらゆる場面で弾かれる。男たちは、「いくつになっても男は若い女が好きだから」と、若い女しか愛せない自分たちの幼児性を正当化する。

そんな社会で、五十を過ぎて「女」を売りにすることには、強いエネルギーが必要だ。美容整形や体型維持に膨大な金銭をつぎ込んだり、努力をする者もいるが、ほとんどの女は生きるだけでいっぱいいっぱいで余裕もない。

私の同世代や上の女性たちは、若い頃はセックスや恋愛にいそしんでいたのに、「もう性欲も無くなったし、男なんていらない。わずらわしいだけだから」と口にする人たちが、少なくない。執着を捨てたほうが楽なのだ。男に好かれる女であり続けたいという執着を。

私自身が五十歳になり、周りを眺めてそう考えているからこそ、文庫解説のために本書を読み直し、千佐子のエネルギーの強さに圧倒された。

筧千佐子に興味があったのは、最初に「向日《むこう》市で起こった事件」と報道されたからだ。京都府向日市は、京都市に隣接する市で、JRと阪急電車が乗り入れて、大阪にも京都にも一本で行ける。家賃も安く、大型スーパーも商店街もあり、交通の便がよい。人口は五万六千人、面積は西日本で最も小さく、競輪場や、小さなプラネタリウムがある。

私は現在、京都市内に住んでいるが、二〇一一年の終わりまでは向日市民で、数年間、JR向日町駅のすぐ近くの家賃四万円のマンションに暮らしていた。便利で、のどかで、住みやすい町だった。おそらく結婚していなければ、そのまま住み続けていたかもしれない。

最初に筧千佐子の事件が報道された際に感じたのは、私が暮らしたあんなのどかな町で？　という衝撃だった。そしてもしかしたら自分がその犯人と、どこかですれ違っていたのかもしれない、とも。報道を見たら、被害者の家は、私がよく散歩をしていたコースの近くだった。実際には筧千佐子が最後の被害者と結婚したのは、私が向日市を出たあとの二〇一三年十一月なので完全にすれ違いだ。そして結婚して間もなく被害者が殺されているので、居住実態もわからない。

それでも、「ご近所さん」であったことで、私は当初からこの事件についての報道は見逃せなかった。犯人がどんな女かというのも興味があった。

報道で画面にあらわれた千佐子への第一印象は、「普通のおばちゃん」以外の何物でもなかった。愛想のいい、気さくな、犬が大好きな関西のおばちゃん。そして、本書を改めて読んで、死刑が確定したのにもかかわらず、その印象は変わらない。極悪な殺人犯ではなく、普通のおばちゃん。

だからこそ、得体が知れない。


結局のところ、なぜ筧千佐子はこんなに多くの男を殺《あや》めたのか。

自分を愛し、女として可愛がってくれるはずの男たちを。

本書を読んで、お金のためだけに犯罪を繰り返したとは、どうしても思えなかった。

女でいようとしたのではないか。男に好意を抱かれ、欲される女に。

自分を愛するために男に愛されようとした女は、金銭を得るのと同時に自分の価値を手に入れようとしたのではないか。

いくつになっても女でいたい――そのために、千佐子は男を求め、殺した。

若くなくなったからこそ、女であり続けようとした。男好きと公言しながら、自分を愛するために男を釣る女は、本当は男を愛してなどいないし、だからたやすく殺せる。

「女の幸せは男に愛されること」ならば、千佐子は死刑と引き換えに「女の幸せ」を手に入れたのに違いない。

だから私は彼女に惹かれる。

「あれは女だ、ものすごく女」――老いてもなお、女のままで生きた筧千佐子に。

ぜひ、本書を読んで、著者の視点に立ち、「女」を味わっていただきたい。

――作家

この作品は二〇一八年七月小学館より刊行された『全告白　後妻業の女　「近畿連続青酸死事件」筧千佐子が語ったこと』を、加筆・修正のうえ副題を変更したものです。

幻冬舎文庫

●好評既刊

ライトマイファイア

伊東　潤

十人の死者が出た簡易宿泊所放火事件を追う川崎署の寺島が入手した、身元不明者のノート。そこに記された「1970」「H・J」は何を意味するのか？　戦後日本の〝闇〟を炙りだす公安ミステリ!!

●好評既刊

誰《た》そ彼《がれ》の殺人

小松亜由美

法医学教室の解剖技官・梨木は、今宮准教授とともに警察からの不審死体を日夜、解剖。彼らが直面するのは、どれも悲惨な最期だ。事故か、殺人か。二人は犯人さえ気づかぬ証拠にたどり着く。

●好評既刊

仁義なき絆

新堂冬樹

児童養護施設で育った上條、花咲、中園。結束は家族以上に固かったが、花咲が政府や極道も一目置く宗教団体の会長の孫だった事実が明らかになり、組織の壮絶な権力闘争に巻き込まれていく。

●好評既刊

ヘブン

新野剛志

東京の裏社会に君臨した「武蔵野連合」の真嶋貴士。ヤクザとの抗争後に姿を消した男は、数年後、タイの麻薬王のアジトにいた。腐り切った東京の悪に勝てるのは悪しかない。王者の復讐が今、始まる。

●好評既刊

善人と天秤と殺人と

水生大海

努力家の珊瑚。だらしない翠。中学の修学旅行で人が死ぬ事故を起こした二人。終わったはずの過去が、珊瑚の結婚を前に突如動き出す。女二人の善意と苛立ちが暴走する傑作ミステリ。

GENTOSHA OUTLAW BUNKO

全告白《ぜんこくはく》 後妻業《ごさいぎょう》の女《おんな》

筧千佐子《かけひちさこ》の正体《しょうたい》

小野一光《おのいっこう》

令和3年12月10日　初版発行

発行人――石原正康
編集人――高部真人
発行所――株式会社幻冬舎
〒151-0051東京都渋谷区千駄ヶ谷4-9-7
電話　03(5411)6222(営業)
　　　03(5411)6211(編集)
　　振替00120-8-767643
印刷・製本―中央精版印刷株式会社
装丁者――高橋雅之

幻冬舎アウトロー文庫

ISBN978-4-344-43155-3　C0195　　O-131-1

幻冬舎ホームページアドレス　https://www.gentosha.co.jp/
この本に関するご意見・ご感想をメールでお寄せいただく場合は、
comment@gentosha.co.jpまで。